지은이 노경실

동생이 네 명이며 강아지들과 이야기를 주고받을 수 있지요.
이 세상의 어린이들을 너무나 소중하게 여기어서
아이들에 대한 일이라면 두 눈을 반짝이고 일어나는 작가입니다.
그동안 지은 책으로 『노경실 선생님이 들려주는 어린이 탈무드』,
『어린이 인문학 여행(전3권)』 등이 있습니다.

초등 문해력 우리말 일력 365

초판 1쇄 발행 2025년 1월 20일

지은이 노경실
펴낸이 신복진
펴낸곳 낮달
등록 2024년 6월 12일 제2024-000048호
주소 경기도 부천시 소사구 경인로 477, 401호
팩스 050-4155-9729
이메일 daymoonpub@gmail.com
인스타그램 @daymoon.pub
디자인 파피루스

ISBN 979-11-988973-0-5 72700

지은이의 말

우리나라 음악과, 문학, 영화, 음식 등 다양한 문화가 세계 사람들의 관심과 사랑을 받고 있지만 정작 우리는 우리말과 우리글에 대해 관심이 적습니다. 이런 모순된 상황 속에서 어린이들은 소통과 공감의 절대적 수단인 문해력과 자기표현이 허술하기 짝이 없습니다.

우리말과 우리글과 친밀하지 못함으로 소통은 오해와 편견을 낳는 불통이 되고, 자기표현은 누리소통망(sns)에서 무분별한 자기 열망으로 쏟아집니다.

그래서 우리말과 문해력이 어우러진 일력을 쓰게 되었습니다. 하루하루 가족이 함께 우리말 문해력 일력을 읽으며 즐거움과 실력과 지혜를 쌓기를 바랍니다.

동화작가 **노경실**

덧붙이는 말

'보기'에서 밑줄로 표시해 놓은 빈 곳에는 여러분이 직접 글을 써서 채워 보세요.

찾아보기

추천하는 말

『초등 문해력 우리말 일력 365』는 아이들만이 아니라 온 가족이 함께 보고, 교실에서 친구들과 함께 읽을 수 있는 책입니다. 생각하는 힘과 어휘력, 문장력 그리고 소통의 실력과 감성까지 갖출 수 있게 도와주는 훌륭한 책입니다. 노경실 작가의 내공과 실력 그리고 아이들을 사랑하는 마음이 넘치는 『초등 문해력 우리말 일력 365』를 기쁜 마음으로 권합니다.

문헌정보학 박사, 경기도학교도서관사서협의회 회장 **김임숙**

『초등 문해력 우리말 일력 365』는 초등학생과 학부모님, 그리고 저처럼 온오프라인으로 강의하는 모든 선생님에게 큰 도움이 되며, 어휘력과 문장력의 튼튼한 기본기를 다지게 하는 책입니다. 더불어 우리 언어의 고유한 특징을 지닌 표현을, 재미있게 하루하루 갈고닦는 비장의 훈련법을 제공합니다. 독창적인 자기만의 문장으로 든든한 문해력 실력을 쌓아 주는 책, 『초등 문해력 우리말 일력 365』로 여러분도 똑똑한 문해력 박사가 될 수 있습니다!

'EBS 똑똑 문해력 박사'의 똑똑 선생님, 엘리하이 초등 국어 강사 **윤지영**

일러두기

품사(씨갈래)를 우리말로 적으면 다음과 같습니다.

명사 → **이름씨** | 동사 → **움직씨** | 형용사 → **그림씨** | 부사 → **어찌씨** |
의존명사 → **매인이름씨** | 감탄사 → **느낌씨** | 수사 → **셈씨** |
대명사 → **대이름씨** | 조사 → **토씨** | 관형사 → **매김씨**

12월

31

이름씨

찾을모

찾아서 쓸 만한 점이나 가치

1센티미터도 안 되는 작은 옷핀은 정말 소중한 물건이에요.
쓸모없어 보이는 사막도 지구 기후를 위해 꼭 필요하답니다.
더구나 사람은 누구나 찾을모가 있는 존귀한 존재라는 사실 잊지 마세요.

보기

1. 인범이와 경진이는 서로 상대방의 찾을모를 적은 뒤 바꿔 읽으면서 깜짝 놀랐다. "나한테 이렇게 찾을모가 많았어?" 둘은 크게 소리 내어 웃었다.
2. 수연이는 새해부터 찾을모가 많은 사람이 되자고 다짐했다. 먼저, 나쁜 습관을 버리기 위해 핸드폰 보는 시간을 줄이고 책을 읽기로 했다.
3. ______________________________

더 알아보기

쓸모: 쓸 만한 가치 또는 쓰이게 될 부분
쓰임새: 쓰임의 정도나 쓰이는 바

해오름달

새해 아침에 힘 있게 오르는 달

12월

30

이름씨

미립

경험에서 얻은 색다른 지식이나 요령

우리말 문해력 일력과 함께 공부한 지 어느새 일 년이 되었어요.
여러분의 우리말과 문해력 미립이 많이 늘었나요?
이제부터는 종종 우리말을 사용하고, 글로도 써 보아요.

보기

1. 도현이와 재이는 우리말 일력을 읽으며 문해력 미립을 많이 얻었다. 글쓰기에 자신감이 커지자, 둘은 각자 쓴 글을 엮어서 동화책을 만들기로 했다.
2. 아빠는 중학생 때부터 대학교를 졸업할 때까지 온갖 아르바이트를 해서 살아가는 데 필요한 유익한 미립이 많이 생겼다고 한다.
3. ________________________________

더 알아보기

알짬: 여럿 가운데 가장 중요한 내용
슬기: 사리를 바르게 판단하고 일을 잘 처리해 내는 재능

1월

1

그림씨

새뜻하다

지저분함이 없이 말끔하고 깨끗하며, 시원하다

와, 새해 첫날입니다. 세수하고 거울을 보세요.
마음도 생각도 어제보다 더 깨끗해진 것 같아요.
1월 1일을 새뜻하게 출발해요.

보기

1. 새해가 되었으니 새뜻한 마음으로 새 학기를 시작해야지!
2. 우리말 일력이 참 새뜻하고 예쁘다. 날마다 보며 문해력을 키울 거야.
3. ______________________________

비슷한 말

말쑥하다 | 말끔하다 | 깨끗하다 | 산뜻하다

12월

29

어찌씨

쩍말없이

썩 잘되어 더 말할 나위 없이

나 혼자 또는 여럿이 무엇인가를 했는데
"부족한 점이 보이지 않아요. 쩍말없이 잘했어요!"라고
칭찬을 들으면 너무 행복하겠지요!
올해에 쩍말없이 이루어진 일은 무엇인가요?

보기

1 현호는 이번 학교 벽화 그리기에 참여해 그림 그리는 데 한몫했다. 벽화가 완성되자, 쩍말없이 잘했다고 어른들로부터 많은 칭찬을 받자 기분이 좋았다.

2 제빵사가 꿈인 정국이가 연말을 맞아 무화과 케이크를 만들었다. 맛을 본 가족은 쩍말없이 훌륭한 케이크라며 박수를 쳐 주었다.

3 ______________________________

더 알아보기

하리들다: 되어 가는 일의 중간에 방해가 생기다

1월

2

이름씨

깨끼발

한 발을 들고 한 발로 선 자세

추운 겨울, 밖에서 운동하는 날이 줄었지요?
식구들과 집에서 깨끼발로 오래 서 있기 놀이를 해 보아요.
금방 이마에 땀이 송골송골 맺힐 거예요.

보기

1 규림아, 우리 깨끼발로 달리기 시합할까?

2 비가 많이 와서 진흙탕 길이 되자 아이들이 조심스레 깨끼발로 집에 갔다.

3 ______________________________

비슷한 말

앙감발 | 깨금발

이름씨

먹국

주먹 속에 쥔 물건의 수효를 알아맞히는 아이들 놀이

한 아이가 "홀짝, 홀짝, 홀!" 하고 외치면, 주먹 쥔 아이가 손을 짝 펼칩니다.
구슬이 홀수로 있는지 짝수로 있는지 알아맞히거나
수효를 알아맞히는 이 놀이를 먹국이라고 해요.

보기

1. 나는 날씨가 너무 추워 집에만 있다가 심심해서 여섯 살짜리 동생과 먹국을 하며 놀았다. 동생은 생각보다 홀짝을 잘 맞혔다.
2. 우리가 노는 것을 보고 엄마도 같이 먹국을 하자며 까만 콩을 한 움큼 가져오셨다. 우리는 한 시간 정도나 콩으로 먹국을 하며 즐겁게 보냈다.
3. ______________________________

더 알아보기

풍계묻이: 어떤 물건을 감추고 서로 찾아내는 아이들의 놀이

1월

3

이름씨

나비잠

나비가 날개를 펼친 것처럼 두 팔을 위로 올리고 자는 모습

'너는 잠버릇이 너무 거칠어. 자면서 발길을 해서 깜짝 놀랐잖아!'
이런 말을 들어 본 적 있나요?
'나비잠'이라는 말은 어른들에게는 사용하지 않아요.

보기

1. 나비잠을 자면 꿈에서 나비가 나타날까?
2. 나비잠을 자는 동생이 너무 귀여워서 볼에 뽀뽀를 해 줍니다.
3. ______________________________

더 알아보기

군인처럼 차렷 자세로 자는 '군인 잠'
엄마 배 속의 태아처럼 웅크리고 자는 '태아 잠'

움직씨

늑두다

넉넉하게 여유를 두다

약속 시간에 늦지 않는 방법은? 시간을 늑두어 가면 됩니다.
배부르게 빵을 먹고 싶다면? 늑두어 하나 더 먹으면 되지요!
시간이나 물건이 넉넉하면 마음의 여유가 생기지요.

보기

1. 익규는 생일잔치에 초대한 친구들을 위해 엄마에게 부탁했다. "맛있는 음식을 늑두어 준비해 주세요!"
2. 우리 아빠가 일을 잘하는 비결 중 하나는 시간을 잘 지키는 것이다. 회의나 중요한 발표 때에 한 시간 이상 늑두어 가서 미리 준비한다고 한다.
3. ______________________________

비슷한 말

능준하다 | 족하다

1월

4

이름씨

말곁

남이 말하는데 덩달아 참견하는 말

친구들이 다투면 말려야지만, 어떤 상황인지 잘 모르므로
내 생각이나 의견으로 '말곁'을 달면 안 됩니다.
말곁을 할 때는 여러 번 생각한 다음에 해야 해요.

보기

1. 말곁이 다 나쁜 것은 아니야. 지혜로운 말곁은 싸움을 멈추게 하지.
2. 모르는데 아는 척하거나, 잘 알지 못하면서 말곁을 다는 것은 옳은 일이 아니다.
3. ______________________

비슷한 말

말참견 | 말 끼어들기 | 말참례

그림씨

깨끔하다

깨끗하고 아담하다

이제 며칠 뒤면 새해가 밝습니다.
옷소매를 걷어 올리고 내 방을 깨끔하게 청소해 보아요.
그러면 마음이나 생각까지 깔끔하게 정리되어
새롭게 출발하는 기분이 될 거예요.

보기

1. 선희는 핸드폰 안에 저장된 사진과 동영상을 깨끔하게 정리했다. 이제부터는 쓸데없는 셀카를 찍느라 시간 낭비하지 않기로 결심했다.
2. 우리 가족은 대청소를 시작했다. 나는 처음에는 귀찮아서 심술을 부렸지만 깨끔해진 집을 보니 새 집 같아서 기분이 좋았다.
3. ______________________________

더 알아보기

도담스럽다: 보기에 야무지고 탐스러운 데가 있다
조촐하다: 아담하고 깨끗하다

1월

5

이름씨

바라지

상대방을 위해 일을 도와주거나 필요한 것들을 주어서 돌보아 주는 일

나보다 몸이 약하거나 어려운 형편에 놓인 사람을 도와준 일이 있나요? 또는 나를 도와준 사람이 있나요? 부모님은 늘 여러분을 돌보아 주시지요. 이런 사랑의 돌봄을 바라지라고 합니다.

보기

1. 우리 부모님은 할머니 할아버지를 바라지하려고 주말마다 시골에 가신다.
2. 내가 태어날 때 큰이모가 직장도 휴가를 내고 엄마를 바라지해 주었다고 한다.
3. ______________________________

더 알아보기

들일하는 사람에게 음식을 가져다주는 '들바라지'
아무도 모르게 뒤에서 도와주는 '뒷바라지'

어찌씨

흥뚱항뚱

어떤 일에 집중하지 않고 꾀를 부리거나 마음이 들떠 행동하는 모양

오늘이 성탄절이라고 흥뚱항뚱 시간을 보내지는 말아요.
어린이날, 생일, 성탄절 등 즐거운 날에 흥뚱항뚱하지 말고,
그날이 의미 있는 날이 되려면 어떻게 해야 할지 생각해 보아요.

보기

1. 성탄절마다 친구들과 흥뚱항뚱 놀던 수정이가 달라졌다. 보육원에서 아이들을 위해 봉사 활동을 하기 시작했다.
2. 동준이는 '이제 올해가 며칠 남지 않았는데 유튜브만 보며 흥뚱항뚱 시간 낭비를 하지 말아야지'라고 결심했다.
3. ______________________________

더 알아보기

흥야항야: 남의 일에 쓸데없이 참견하는 모양
아근바근: 서로 마음이 맞지 아니하여 사이가 벌어지는 모양

1월

6

이름씨

고추바람

겨울에 부는 바람으로 눈물이 날 정도로 매섭게 부는 찬바람

매운 음식을 먹으면 눈물이 나고, 땀방울도 송골송골 맺히죠.
추운 날씨도 매운맛처럼 느껴진답니다.
춥다는 말이 저절로 나올 정도로 찬 바람을 고추바람이라고 하지요.

보기

1 "고추바람이 부니까 모자랑 장갑 챙겨라." 엄마는 추워도 더워도 내 걱정이다.
2 고추바람 부는 날, 친구가 이사 갔다. '얼마나 추울까?' 나는 종일 친구 생각을 했다.
3 ______________________________

더 알아보기

등 뒤에서 불어오는 '꽁무니바람' | 몹시 매섭고 독하게 부는 '칼바람'
문틈으로 들어오는 '문바람' | 좁은 틈으로 세게 불어 드는 '황소바람'

12월
24

그림씨

꺽지다

성격이 억세고 꿋꿋하며 용감하다

결과가 좋지 않으면 엉엉 울거나 두 어깨가 축 처져서 밥도 잘 먹지 못합니다.
그와 반대로 꺽지게 힘을 내서 결과를 받아들이고 다시 시작하는 사람도 있지요.
여러분은 어느 쪽인가요?

보기

1. 시험 성적이 좋지 않았지만, 찬하가 씩씩하게 집에 오자 아빠가 엄마에게 말했다.
   "찬하가 힘들 텐데 꺽지게 행동하니 다행이에요."
2. 엄마가 다니는 회사 직원들은 어려운 일이 있을 때 하나가 되어 꺽지게 헤쳐 나가서 결국 잘되게 만든다고 하신다.
3. ______________________________

비슷한 말

굳세다 | 기운차다 | 보짱이 크다

1월

7

이름씨

벌충

돈이나 물건 등이 생각보다 모자라게 되는 바람에 보태어서 채움

운동 시합을 했는데 내 실수로 우리 편이 졌다면?
'다음에는 더 잘해야지'라고 결심하는 마음. 장난감을 사려는데 돈이 부족하면?
'용돈을 아껴서 사야지' 하며 애쓰는 것. 이런 것을 벌충이라고 합니다.

보기

1. 유튜브 보느라 낭비한 시간을 벌충하려면? 그래! 이번 주는 유튜브를 안 볼 거야!
2. 나는 엄마한테 대들다가 아빠한테 혼났다. 혼나느라 하지 못한 일을 벌충하느라 힘들었다.
3. ______________________________

비슷한 말

채워 넣다 | 보태다 | 땜질하다

12월

23

어찌씨

들떼놓고

꼭 집어 바로 말하지 않고

'이것은 이렇다, 저 일은 저렇다'라고 똑바로 말해 주면 답답하지 않지요.
그러나 들떼놓고 얼버무리면
'좀 정확히 말해 줘!'라고 목소리가 높아지지요.

보기

1 누나는 한 달 용돈을 일주일 만에 다 써 버렸다. 엄마가 어디에 썼냐고 묻자 들떼놓고 외려 화를 내며 자기 방으로 쏙 들어갔다.

2 재경이는 이야기할 때 들떼놓고 혼자만 말하는 버릇이 있다. 그래서 아이들은 궁금한 게 있어도 재경이에게 잘 묻지 않는다.

3 ______________________________

비슷한 말

얼버무리다 | 에두르다

1월

8

어찌씨

사부자기

힘들이지 않고 쉽게

엄마는 생선, 파, 무, 시금치, 달걀, 고추, 밀가루 같은
여러 가지 재료로 어렵지 않게 요리합니다.
이렇게 사부자기 요리하는 엄마가 신기하지요?

보기

1. 나는 수학을 어려워하지만 송이는 사부자기 잘 푼다. 친구가 부럽다.
2. 커다란 상자를 사부자기 배달하는 택배 아저씨가 그리스 신화에 나오는 헤라클레스 같았다.
3. ______________________________

비슷한 말

사부작사부작 | 시부저기

12월

22

이름씨

목대잡이

목대를 잡아 일을 시키는 사람

'목대'는 멍에(수레나 쟁기를 끌기 위하여 목에 얹는 막대) 양쪽 끝 구멍에 꿰어
소의 목 양쪽에 대는 나무예요.
여러 사람을 이끌고 일을 할 때 '목대(를) 잡다'라고 하고,
그 일을 하는 사람은 '목대잡이'라고 부르지요.

보기

1. 목대를 잘 잡아 주어야 소가 안전하게 짐을 나를 수 있다. 그래서 앞장서서 사람들을 이끄는 사람을 목대잡이에 비유한다.
2. 진정한 목대잡이는 그저 똑똑하기만 한 사람이 아니라 지혜롭고 정직한 사람이어야 한다.
3. ______________________________

더 알아보기

줏대잡이: 중심이 되는 사람
새잡이: 어떤 일을 처음 시작하는 사람

1월

9

그림씨

서낙하다

장난이 심하고 하는 짓이 극성맞다

초등학생이 되거나 한 학년이 올라가면 어른들은 말하지요.
“이제 철 좀 들어야지.” 아직 하고 싶은 대로 마음껏 뛰어놀고 싶겠지만
서낙한 어린이는 되지 말아요.

보기

1. 우리 엄마는 어릴 때 얼마나 서낙했는지 별명이 쉬지 않고 빙빙 도는 팽이였다.
2. 이제 새해가 되었으니 서낙하게 놀지 말아야지!
3. ______________________________

반대말

철들다: 사리를 분별하여 판단하는 힘이 생기다
차분하다: 마음이 가라앉아 조용하다

12월
21

이름씨

두벌일

처음에 한 일이 잘못되어 다시 하는 일

무언가 착각하거나 실수로 두벌일할 때가 있어도
너무 귀찮게 여기거나 속상해하지 말아요.
한 번 더 하면서 실수를 되풀이하지 않는 지혜를 얻을 수 있으니까요.

보기

1. 나는 엄마와 함께 대바늘과 털실을 사용해서 모자를 만들기 시작했다. 그런데 딴생각을 하다가 중간에 바늘 코를 잘못 꿰서 모두 풀고 두벌일을 했다.
2. 수학 숙제를 하다가 깜빡 착각해서 엉뚱한 문제를 풀었다. 힘들지만 두벌일을 하면서 정신을 차렸다.
3. ______________________________

더 알아보기

잡도리: 잘못되지 않도록 엄하게 단속하는 일

1월

10

이름씨

아퀴

어수선한 일의 갈피를 잡아서 잘 마무르는 끝매듭

한 아이가 만화영화 이야기를 했어요.
“사자가 거인을 이겼는데, 참, 늑대가 왔는데, 괴물이 이긴 것 같은데….”
친구들이 소리쳤어요. “그래서 누가 이긴 거야?”
일이나 이야기의 마무리를 아퀴라고 합니다.

보기

1. 엄마는 무슨 일이든 시작하면 아퀴 짓는 성격이다. 나도 엄마를 닮고 싶다.
2. 새해부터는 결심한 일이나 공부는 꼭 아퀴 짓는 습관을 만들겠다.
3. ______________________________

비슷한 말

끝마무리하다 | 갈무리하다 | 메지대다 | 매기단하다

그림씨

도탑다

서로의 관계에 사랑이나 인정이 많고 깊다

"우리는 얼마나 도타운 사이인지 몰라!"
친구끼리 이렇게 말하는 모습을 상상만 해도 마음이 따뜻해집니다.
도타운 친구와 함께 우리말 문해력 게임을 해 보아요.
누가 누가 잘하나!

보기

1. 우리 언니는 도타운 친구들과 창작동화 쓰기 모임을 만들었다. 여러 사람이 한 권의 책을 쓴다고 한다. 부럽다.
2. 엄마는 어릴 때 친구들과 사이좋게 지내기도 하고 다툼도 많았지만 점점 시간이 지나면서 서로 이해하며 도타운 친구가 되었다고 한다.
3. ______________________________

비슷한 말

두텁다 | 애틋하다 | 돈독하다

1월

11

그림씨

앙세다

몸은 약해 보여도 힘이 세고 다부지다

힘없어 보이는 아이가 무거운 물건을 번쩍 들고,
목소리 작은 친구가 교실이 울리도록 노래하면 우리는 놀라지요.
이럴 때 그 친구를 '앙세다'라고 말할 수 있어요.

보기

1 아빠는 만날 피곤하다면서도 나랑 자전거 시합할 때는 정말 앙세게 하신다.

2 현호는 태권도 승급 시험 때 앙세게 해서 빨간 띠를 딸 수 있었다.

3 ______________________________

비슷한 말

암팡지다 | 옹골차다

12월

19

이름씨

묵재

불기가 없는 식은 재

겨울이 되면 학교에서 불조심을 일깨우는 그림을 그리거나 글을 쓰지요.
불은 물이나 공기처럼 인간에게 꼭 필요하지만
잘못 다루면 무시무시한 괴물이 됩니다.
묵재라도 철저히 확인해야 합니다.

보기

1. 큰 화재가 일어나는 여러 원인 가운데 하나는 묵재에 남은 불씨를 완벽하게 끄지 않았기 때문이라고 합니다. "꺼진 불도 다시 보자!"
2. 만약 소방관들이 묵재를 철저하게 살펴주지 않는다면 많은 사람의 생명과 재산이 큰 피해를 입는다. "소방관 선생님, 고맙습니다!"
3. ______________________________

더 알아보기

숯등걸: 숯이 타다 남은 덩어리

1월

12

이름씨

치사랑

손아랫사람이 손윗사람을, 자식이 부모를 사랑함

여러분을 사랑하는 사람은
부모님, 할아버지와 할머니, 이모와 삼촌처럼 어른들이지요.
그래서 사랑은 물처럼 위에서 아래로 흐른다고 하는데,
아랫사람이 윗사람을 사랑하는 치사랑도 있어요.

보기

1. 할머니와 할아버지는 엄마를 정말 좋아하신다. 엄마가 치사랑으로 모시기 때문이다.
2. 우리 반은 지난달에 동네 경로당에 가서 합창과 춤으로 위문 공연을 했다. 어르신들은 우리가 치사랑으로 봉사해 주어서 고맙다고 하셨다.
3. ______________________________

반대말

내리사랑: 손윗사람이 손아랫사람을 사랑함

12월

18

이름씨

왜배기

겉보기에 좋고 질도 좋은 물건을 비유로 이르는 말

값은 싸지만 아주 쓸 만한 물건을 살 때,
적은 돈으로 좋은 음식을 먹을 때 '가성비가 좋다'라고 합니다.
이처럼 겉모양도 그럴싸하고 품질도 좋은 물건을 '왜배기'라고 하지요.

보기

1. 며칠 전 동네 물물교환 시장에서 운동화를 구한 가은이가 말했다. "신어 보니까 완전히 왜배기야. 모양도 예쁘고 발도 편하거든."
2. 우리 동네 엄마들은 아이들 옷을 서로 나누어 준다. 그래서 나는 새 옷을 입은 기억이 거의 없지만 다행히 옷들이 왜배기라서 싫지 않았다.
3. ______________________________

더 알아보기

사그랑이: 다 삭아서 못 쓰게 된 물건
진상: 겉보기에 허름하고 질이 나쁜 물건

1월

13

매인이름씨

자밤

나물이나 양념 따위를 손가락 끝으로 집을 만한 분량

음식을 만들 때 재료와 양념의 분량을 잘 맞춰야 합니다.
그럼, 양을 측정하는 도구가 없던 시절에는 어떻게 했을까요?
바로 '자밤'에 그 비밀이 숨어 있지요.

보기

1. 엄마는 계량 수저 대신 할머니에게서 배운 대로 '자밤'으로 양념을 넣는다. 그래도 엄마 요리가 제일 맛있다.
2. 예전에는 모두 '몇 자밤' 하는 식으로 요리했지만, 맛은 최고였다고 한다. 조상들의 지혜가 놀랍다.
3. ______________________________

더 알아보기

약반죽: 쌀가루나 밀가루에 뜨거운 물을 살짝 부어 가며 반죽하는 것

이름씨

네눈박이

두 눈 위에 흰 점이 있어 언뜻 보기에 눈이 넷으로 보이는 개

두 눈 위에 두 개의 흰 점이나
짧은 타원형 같은 흰 점이 두 개 있는 강아지들이 있어요.
언뜻 보면 눈이 네 개 같아서 네눈박이라고 하지요.
어른들은 네눈박이가 머리가 좋다고 합니다.

보기

1. 세현이네 강아지는 네눈박이이다. 친구들 강아지 중에는 네눈박이가 없다. 그래서 세현이는 퐁퐁이를 뽐내려고 일부러 산책을 자주 한다.
2. 하늘소 중에서 딱지날개에 노란 점이 네 개 있는 종류는 '네눈박이하늘소'라고 부른다.
3. ______________________________

같은 말

네눈이

1월
14

이름씨

투레질

어린 아기가 두 입술을 떨며 '투루루' 소리를 내는 짓

어린 동생이 있다면 몸짓이나 표정을 잘 살펴보세요.
입술을 앞으로 내밀고 '투루루' 소리를 낼 때 침방울이 여기저기 튀깁니다.
이런 투레질을 왜 하는지 궁금하지 않나요?

보기

1. 아기들이 투루루 투레질할 때 가끔 생각한다. '나도 어릴 때 저렇게 했을까?'
2. 초식동물원으로 가족 소풍을 갔다. 말들이 먹이를 먹으면서 '투루루루' 하며 장난치는 듯한 모습을 보이자, 엄마가 "저게 투레질이야"라고 가르쳐 주었다.
3. ______________________________

비슷한 말

놀소리 | 옹알이

12월

16

이름씨

길턱

길섶과 비탈면이 이어지는 길바닥의 가장자리

사람이 다니는 '인도', 자동차가 다니는 '차도',
길은 크게 이렇게 구분하지요.
길턱은 인도의 가장자리라 위험할 수 있으니
되도록 떨어져서 걷는 것이 좋아요.

보기

1 영호는 핸드폰을 보다가 길턱에서 넘어질 뻔했다. 친구가 잡아 주지 않았으면 큰일 날 뻔했다. 영호는 그제야 핸드폰을 주머니에 넣었다.

2 우리 아파트 단지 안에 있는 모든 길턱을 보수하는 작업이 시작되었다. 너무 오래되어서 위험하기 때문이라고 한다.

3 ______________________________

더 알아보기

길섶: 길의 가장자리

1월

15

이름씨

틀거지

듬직하고 점잖은 겉모양

선생님이 십 대 연예인처럼 옷을 입고 학교에 오면 어색하겠지요?
선생님처럼 특별한 위치나 사회적 신분 때문에
틀거지를 신경 쓰는 사람들도 있어요.

보기

1. 왕은 나이가 어려도 백성들에게 위엄 있게 보이려고 틀거지를 갖추었다.
2. 좋은 틀거지를 만들려면 마음부터 깨끗하고 정직하게 가꾸어야 합니다.
3. ______________________________

더 알아보기

틀지다: 겉모습이 당당하고 위엄이 있다

이름씨

숫눈

눈이 와서 쌓인 상태 그대로의 깨끗한 눈

'숫-'은 '다른 것이 섞이거나 더럽혀지지 않아 깨끗한'의 뜻을 더하는 말입니다.
사람 발자국 하나 없이 깨끗한 숫눈이 쌓인 길을
'숫눈길'이라고 하지요.

보기

1. 첫눈이 온 이른 아침, 준혁이는 엄마 아빠랑 숫눈이 예쁘게 쌓인 길을 걸었다. 마치 동화 속 세계에 들어온 것 같다며 모두 좋아했다.
2. 숫눈이 내린 날, 토끼가 어느 집에 갔는데 사람은 없고 맛있는 숫음식이 식탁에 잔뜩 있어서 침을 삼켰어요. '숫음식'은 '만든 채 고스란히 있는 음식'이에요.
3. ______________________________

더 알아보기

풋눈: 초겨울에 조금 내린 눈
떡눈: 물기를 머금어서 척척 들러붙는 눈송이

1월 16

그림씨

푼푼하다

모자람이 없이 넉넉하거나 마음이 너그러운 모양

옛날에 자매가 있었는데, 언니는 누군가 구걸하면 푼푼하게 도와주었지만, 동생은 아깝다며 절대 안 도와주었대요. 여러분은 누가 옳다고 생각하나요? 푼푼하게 사는 것은 부자가 아니어도 할 수 있어요.

보기

1. 겨울이면 사랑의 자선냄비가 등장합니다. 사람들은 푼푼한 마음과 성금으로 자선냄비를 채웁니다.
2. 담임 선생님은 푼푼해서 우리가 잘못했을 때 화부터 내지 않고 부드럽게 타이르신다.
3. ______________________________

비슷한 말

푸지다 | 습습하다 | 걱실거리다

12월

14

이름씨

구듭

귀찮고 힘든 남의 뒤치다꺼리

'뒤치다꺼리'는 아무도 알아주지 않지만
다른 사람의 일을 보살피며 도와주는 것을 말합니다.
그러나 '구듭'은 그 뒤치다꺼리가 힘들고 하기 싫은 경우랍니다.

보기

1. 홀로 사는 데다가 장애가 있는 어르신들을 위해 동네 주민들이 청소와 집수리 등 구듭을 섬기는 마음으로 해냈다.
2. "부모님들은 자식을 위해 어떤 구듭이라도 불평이나 원망하는 마음으로 하지 않지요." 선생님의 말씀에 아이들이 조용해졌다.
3. ______________________________

더 알아보기

치다꺼리: 남을 도와 거드는 일
구듭치기: 귀찮고 힘든 남의 뒤치다꺼리를 하는 일

1월

17

움직씨

하분하분하다

물기가 있는 물건이 조금 연하고 무르다

물에 데친 토마토를 '물컹물컹하다'라고 하면 맛없게 느껴집니다.
젖은 수건을 '축축하다'라고 하면 지저분하게 생각됩니다.
그 대신 '하분하분하다'라고 표현해 보세요.

보기

1. 고구마를 밥솥에 쪘더니 하분하분해져서 더 맛있어 보인다고 할머니가 좋아하셨다.
2. 아빠가 호박전을 만들려고 호박에 소금을 한 자밤 넣고 기다리니 호박에서 물기가 나와서 하분하분해졌어요.
3. ______________________________

비슷한 말

촉촉하다 | 무르다 | 물렁하다

12월

13

움직씨

도스르다

무슨 일을 하려고 별러서 마음을 단단하게 하다

"핸드폰 자주 안 보고 공부 열심히 하겠다고
열두 번도 넘게 결심하는데 잘 안 돼요"라며 슬퍼하는 아이가 있어요.
그렇다면 열세 번, 열네 번, 계속 도스르고 실천하고,
다시 도스르고 실천해 보아요.

보기

1. 남자친구와 헤어진 언니는 우울한 마음을 공부와 운동에 집중하기로 도슬렀다.
2. "집에 오면 숙제부터 하자!" 지찬이는 오빠로서 모범을 보이려고 동생과 함께 약속했다. 다음 날부터 오빠를 따라 사랑이도 도슬러 약속을 잘 지켰다.
3. ______________________________

비슷한 말

가다듬다 | 도사리다

1월

18

그림씨

함함하다

털이 보드랍고 반지르르하거나 탐스러운 모양

'고슴도치도 제 새끼는 함함하다'라는 속담이 있어요.
털이 꼿꼿한 고슴도치도 새끼의 털은 부드럽다고 한다는 말로,
부모 눈에는 제 자식이 잘나고 귀여워 보인다는 뜻이에요.
'함함하다'에는 '소담하고 탐스럽다'라는 뜻도 있어요.

보기

1. 우리 집 강아지는 비싼 품종은 아니지만, 털이 함함해서 너무나 귀여워요.
2. 할머니께서 보내 주신 상자에 주홍빛 곶감들이 함함하게 꽉 차 있었어요. 할머니의 사랑도 함함하게 담겨 있는 것 같아요.
3. ______________________________

비슷한 말

탐스럽다 | 복슬복슬하다 | 야들야들하다 | 소담하다

12월

12

어찌씨

도파니

이러니저러니 할 것 없이 죄다 몰아서

다섯 명이 아이스크림 가게에 갔는데 두 명이 큰 소리로 다투면,
종업원은 "그렇게 시끄럽게 할 거면 모두 나가 주세요!"라고 말하겠지요.
분명히 다툰 사람은 둘인데, 다섯 명 모두 도파니 쫓겨나지요.

보기

1. 만수네 신발장에서 바퀴벌레가 나왔다. 아빠는 "이참에 집을 도파니 소독하자!'라며 청소업체에 연락했다.
2. 루하는 책상 서랍을 정리하면서 그동안 모아 둔 캐릭터 스티커를 동생에게 도파니 주었다. 내년이면 한 학년 올라가는데 공부에 방해가 될 것 같아서다.
3. ______________________________

비슷한 말

모조리 | 통틀어

1월

19

이름씨

갓밝이

날이 막 밝을 무렵

겨울 아침은 여름날보다 느리게 오지만
어둠 속에서 이미 갓밝이가 시작되고 있어요.
여러분이 이불 속에서 잠자고 있어도
태양은 부지런히 새날, 새 아침을 준비하지요.

보기

1. 우리 가족은 겨울 바다를 보려고 오늘 갓밝이에 출발했습니다.
2. 한겨울 갓밝이에도 사람들은 일하거나 공부하러 집을 나섭니다. 나도 내 꿈을 이루기 위해 일찍 일어나 공부도 하고 운동도 하겠습니다.
3. ______________________________

비슷한 말

첫새벽 | 어둑새벽 | 여명 | 어슴새벽

12월

11

이름씨

동산바치

채소, 과일, 각종 식물을 심고 가꾸는 일을 직업으로 하는 사람

예전에는 집안 마당이나 대문 바깥쪽에 나무를 심거나
꽃밭이 있는 집이 많았습니다.
또 작은 나무들로 집 울타리를 만들기도 했는데,
마치 집마다 동산바치가 있었던 것 같아요.

보기

1 희영이네 집은 꽃집을 한다. 희영이 엄마가 동산바치인데, 꽃집에는 신기한 식물들이 많다. 사람들이 오다가다 신기해서 많이 들른다.

2 바쁜 일상에서 잠시라도 편하게 쉬고 싶은 사람이 늘자 동산바치가 좋은 직업으로 인기를 얻고 있다. 정민이도 멋진 식물원을 가꾸는 동산바치가 꿈이다.

3 ______________________________

더 알아보기

늦잎: 철이 지나도록 지지 않은 잎
애채: 나무의 새로 돋은 가지

그림씨

지멸있다

꾸준하고 성실하다

'나는 지멸있는 사람인가요?'
100점이 만점이라면 여러분은 몇 점 정도 되는지 생각해 보아요.
뛰어나게 잘하는 것만큼이나 중요하고 아름다운 것은
지멸있는 노력이지요.

보기

1. 윤정이는 친구들이 놀자고 할 때도 흔들리지 않고 지멸있는 연습을 해 왔다. 그 결과 이번 피아노 경연대회에서 으뜸상을 받았다.
2. 아빠는 늘 말씀하셨어요. "지멸있는 사람은 무엇을 하든 성공할 수 있단다. 하지만 그만큼 어려운 일이란다."
3. ______________________________

같은 말

지며리

이름씨

매얼음

매우 단단하게 꽁꽁 언 얼음

이제 점점 추워지며 눈도 오기 시작하니 조심해야 합니다.
눈이나 흙먼지에 가려서 매얼음이 보이지 않을 수 있거든요.
넘어지거나 교통사고가 나지 않게 잘 살펴보고 조심조심 다녀요.

보기

1. 가게 앞에 뿌린 물이 금방 매얼음이 되었다. 지나가던 아주머니가 주인에게 말했다. “조금 뒤, 아이들 수업 끝나는데 미끄러지지 않게 해 주세요.” 놀란 주인은 얼른 매얼음 위에 미끄럼 방지 가루를 뿌렸지요.
2. 추워서 마을 냇가가 매얼음 판이 되어 아이들이 마음껏 놀았다.
3. ______________________________

더 알아보기

살얼음: 얇게 살짝 언 얼음

1월

21

움직씨

늘키다

소리 내어 울지 못하고 억지로 참으면서도 흐느끼다

'울면 바보'라고 말하는 사람이 있지만,
울고 싶을 때 마음껏 울면 마음을 치유하는 데 도움이 됩니다.
그러나 억지로 늘키면 마음에 병이 들기 쉽지요.

보기

1. 아빠는 어렸을 적에 키우던 강아지가 죽었을 때, 어른들이 울지 말라고 해서 늘키며 슬퍼했다고 한다.
2. 내가 친구의 지우개를 잃어버렸다. 거듭 미안하다고 했지만 친구는 화를 풀지 않았다. 나는 너무 속상해서 늘키었다.
3. ______________________________

비슷한 말

훌짝이다 | 훌쩍이다

12월

9

움직씨

뭇방치기하다

실없이 함부로 남의 일에 간섭하다

뭇방치기하는 사람들은 호기심이 많거나
자기 할 일을 제대로 하지 않는 특징이 있지요.
뭇방치기해야 할 것 같은 상황이 생길 때는
잠시 멈춰서 한 번 더 생각해 보아요.

보기

1 어젯밤, 강준이 아빠는 길에서 술 마시고 싸우는 사람들을 말리려고 뭇방치기하다가 넘어져서 허리를 다쳤다.

2 우리 강아지는 뭇방치기하는 걸 좋아한다. 밖에 나가면 만나는 강아지마다 좋아서 '멍멍' 짖느라 산책 시간이 길어진다.

3 ______________________________

더 알아보기

뒷배: 겉으로 나서지 않고 남의 뒤에서 보살펴 주는 일

1월

22

움직씨

덴겁하다

뜻밖의 일로 놀라 몹시 허둥지둥하다

'호랑이한테 물려가도 정신만 차리면 살 수 있다'라는 속담이 있어요.
덴겁하지 않으려면 정신을 똑바로 차리고,
평소에 선생님과 부모님 말씀에 귀 기울여야 합니다.

보기

1 선생님이 갑자기 숙제 검사를 시작하셨다. 숙제를 안 해 온 나는 덴겁했다.

2 우리 가족이 타고 가던 자동차가 눈길에 미끄러졌다. 모두 덴겁하여 차에서 내렸는데, 다행히 다친 사람은 없었다.

3 ______________________________

비슷한 말

기겁하다 | 놀라다 | 허방지방하다 | 깜짝깜짝하다

12월

8

이름씨

밑손

일하는 사람의 밑에서 돕는 일

오래전에는 수공업자가 기술을 가르쳐 주어
제자를 키우던 '도제 제도'가 있었지요.
지금의 전문학원이라고 할 수 있습니다.
한 분야의 전문가가 되려면 밑손이 되는 시간을 잘 이겨 내야 합니다.

보기

1. 요리사가 되고 싶어서 자격증을 딴 이모는 한식당에서 밑손으로 일하면서 경험도 쌓고 돈도 벌고 있다.
2. 찬성이 아빠는 그동안 집수리하는 사장님의 밑손으로 일을 했다. 이번 달부터는 드디어 집수리 사무실을 차렸다. 모두 자기 일처럼 축하해 주었다.
3. ______________________________

더 알아보기

바치: 어떤 물건을 만드는 것을 업으로 삼는 사람
매나니: 일할 때 아무 도구 없이 맨손뿐인 것

1월

23

그림씨

맥맥하다

**코가 막힌 것처럼 숨쉬기가 힘들거나,
생각이 잘 떠오르지 않아 답답한 모양**

감기에 걸려 코가 막혀 답답할 때 "맥맥해요"라고 하지요.
친구에게 생일 축하 편지를 쓰려는데 좋은 글이 떠오르지 않을 때도
"머릿속이 맥맥하네"라고 할 수 있어요.

보기

1. 엄마 아빠가 다툴 때, 나는 "내 마음이 너무 맥맥해요!"라고 말해요. 그러면 엄마 아빠는 피식 웃으며 서로를 안아 주세요.
2. 나는 감기 때문에 맥맥해진 누나를 위해 코를 시원하게 해 준다는 사탕을 사 주었다. 내가 생각해도 나는 참 착하다!
3. ______________________________

비슷한 말

답답하다 | 갑갑하다 | 울울하다

12월 7

이름씨

덕석

추울 때 소의 등을 덮어 주는 멍석

추운 겨울이 되어 동물들도 사람처럼 털갈이를 하거나 둥지를 고치며 겨울 준비를 하는데, 가축들은 사람이 해 주어야 합니다. 그래서 소나 말은 덕석을 덮어 주어서 추위를 잘 견디게 해 주지요.

보기

1. 소를 키우는 우리 할아버지는 겨울이 되면 덕석을 깨끗이 손질하거나 새로 만드느라 분주하시다. 소도 옷을 입는다는 게 신기하다.
2. 덕석을 등에 입은 소들을 보니 집에 있는 강아지가 생각났다. 우리 강아지는 옷을 입혀 주면 산책 가는 줄 알고 좋아한다.
3. ______________________________

더 알아보기

덕석잠: 덕석을 덮고 자는 잠이라는 뜻으로, 불편하게 자는 잠을 이르는 말

1월
24

이름씨

덩덕새머리

빗질을 하지 않아 더부룩한 머리

새집은 대개 둥근 모양이지만 나뭇가지들이 삐죽삐죽 밖으로 나와 있지요.
그래서 더부룩하게 헝클어진 머리 모양을
까치집 또는 덩덕새머리라고 합니다.

보기

1. 공무원 시험을 준비하는 옆집 형은 늘 헝클어진 덩덕새머리였다. 그런데 오늘 머리를 깔끔하게 하니까 멋져 보였다.
2. 우리 강아지는 털이 많아서 빗질을 해 주지 않으면 덩덕새머리가 된다.
3. ______________________________

더 알아보기

밤송이머리: 밤송이처럼 생긴 머리털
가랑머리(갈래머리): 두 가랑이로 갈라땋아 늘인 머리

12월

6

어찌씨

다따가

난데없이 갑자기

점심시간에 다따가 뛰어다니면 위험합니다.
평소에 예습복습을 잘하면 다따가 시험을 보아도 당황하지 않지요.
다따가 내일 학교 수업이 없다면 모두 환호성을 지르겠지요?

보기

1. 수업 시간에 다따가 화재경보기가 울려 모두 놀랐다. 미리 알리지 않고 대피 훈련을 시작했지만 우리는 그동안 배운 대로 잘 움직였다.
2. 저녁 식사를 하려는데 다따가 축하 노래가 들렸다. 아빠가 엄마와의 첫 만남 15주년을 기념하는 깜짝 파티를 준비한 것이다.
3. ______________________________

비슷한 말

뜬금없이 | 불현듯

1월

25

그림씨

어숭그러하다

생각보다 일이 잘되어 있거나, 성격이 까다롭지 않고 수수하다

어린 동생이 블록을 잘 쌓으면 "와, 어숭그러하니 잘했네!" 하고 칭찬하지요.
첫인상은 무서웠지만 선생님의 따뜻한 마음을 알면
"선생님은 참 어숭그러해서 좋아요!"라고 합니다.

보기

1. 희진이와 현기는 눈사람을 만들었습니다. 지나가던 어른들이 칭찬해 주었어요.
   "아주 어숭그러하니 잘 만들었구나!" "멋지다!"
2. 나는 어릴 때는 잘생긴 친구를 좋아했지만, 지금은 어숭그러하고 착한 친구가 좋다.
3. ______________________________

비슷한 말

소박하다 | 털털하다 | 소탈하다 | 무던하다

12월

5

이름씨

울력

여러 사람이 힘을 합하여 일함 또는 그런 힘

오늘은 자원봉사자의 날입니다.
일은 여럿이 할 때 힘이 덜 들지요.
자원봉사도 울력하면 도움을 받는 사람도
도움을 주는 사람도 기쁨이 더 크지요.

보기

1. 우리 담임 선생님은 한 달에 한 번씩 '찾아가는 무료 미용실' 모임의 회장님이다. 회원들이 울력해서 동네 어르신들은 늘 모두가 머리가 단정하다.
2. 엄마와 나는 유기견 센터에서 다른 사람들과 함께 울력으로 주인 없는 강아지들을 바라지하고 있다.
3. ______________________________

더 알아보기

울력다짐: 여럿이 힘을 합하여 빠르고 시원스럽게 일을 끝냄
울력걸음: 여러 사람이 떨쳐나서는 데 덩달아 끼어서 함께 걷는 걸음

1월

26

움직씨

몽따다

알면서도 모르는 체하거나, 자기가 하고도 하지 않은 체하다

'몽따다'는 거짓말이라 할 수 있어요.
내가 하고는 안 한 척하는 것도 거짓말이니까요.
혹시 혼나기 싫어서 몽딴 적이 있는지 한번 돌아보아요.

보기

1. 내가 콜라를 찾으면 엄마는 몽따신다. 내가 콜라를 마시고 양치질을 잘 안 하기 때문이다.
2. 우리 강아지는 나 몰래 간식을 먹기도 해요. 내가 야단치면 몽따고 얼른 숨어요.
3. ______________________________

비슷한 말

시치미 떼다 | 궁따다

12월

4

이름씨

길목버선

먼 길을 갈 때 신는 허름한 버선

50여 년 전만 해도 흙길과 자갈길이 많고 교통수단도 흔치 않아서
조금만 걷고 나면 양말이 흙먼지로 금방 더러워져서 길목버선을 신었지요.
'버선'은 우리말이고 '양말'은 한자어랍니다.

보기

1. 우리나라에서 버선은 삼국 시대부터 신기 시작했다고 한다. 그런데 정확히 언제부터 길목버선을 사용했는지는 확실하지 않다.
2. 조선 시대에는 버선을 '보션'이라고 불렀다. 점점 사람의 활동 범위가 넓어지면서 길목버선을 신는 사람들이 늘어났다.
3. ______________________________

더 알아보기

너널: 겨울에 신는, 솜을 두어 만든 커다란 덧버선
겹버선: 솜을 대지 않고 겹으로 만든 버선

1월

27

이름씨

구죽바위

굴 껍데기가 쌓여서 만들어진 바위

‘구죽’은 ‘바닷가에 쌓인 굴 껍데기’의 우리말입니다.
바닷가에 넓게 퍼져 있으면서도 불룩 솟아오른 바위 같은 것이 있는데,
굴 껍데기가 잔뜩 모여서 만들어진 구죽바위입니다.

보기

1. 아빠는 구죽바위를 본 뒤부터는 우리 방에 옷이 쌓여 있으면 ‘옷바위’, 물건이 널려 있으면 ‘쓰레기바위’라고 말하지요.
2. 갈매기들이 구죽바위에 앉아 먹이를 찾고 있었어요. 나는 굴 껍데기에서 풍기는 비린내가 싫은데 갈매기들에게는 구죽바위가 잘 차려진 식탁인가 봐요.
3. ______________________________

더 알아보기

뜀바위: 바위 사이가 벌어져 있어서 뛰어야 건널 수 있는 바위
웅퉁바위: 울퉁불퉁 거칠게 생긴 바위 | 너럭바위: 넓고 평평한 큰 돌

12월

3

그림씨

뉘쁘다

뉘우치는 생각이 있다

여러분이 무언가 잘못했을 때
"내가 일부러 그랬어요? 난 잘못 없어요!"라는 말과
"내가 잘못했어요. 이제부터는 조심할게요"라며 뉘쁘는 말 중
어느 말을 하고 싶은가요?

보기

1. 희선이는 자기가 잘못할 때마다 뉘쁘지 않고 동생 탓을 하는 버릇이 있다. 그래서 엄마에게 더 야단맞는다.
2. 그러나 동생은 얼른 뉘뻐서 앞으로 잘하겠다고 말해서 엄마의 마음을 부드럽게 만들어 준다.
3. ______________________________

비슷한 말

뉘우쁘다 | 반성하다 | 되짚다

1월

28

그림씨

숫되다

순진하여 어수룩하거나, 말과 행동이 얄밉지 않다

사람을 평가하는 말은 많습니다.
'욕심이 많다, 남을 잘 챙긴다, 눈치가 없다'처럼요.
'숫되다'는 '더럽혀지지 않아 깨끗한'의 뜻을 담은
'숫'이 들어가니까 좋은 말이겠지요.

보기

1 아빠는 숫되고 소심했었는데, 군대를 다녀온 뒤 활발한 성격으로 변했다고 한다.

2 나는 숫된 성격에 발표를 잘 못했다. 그래도 선생님이 꾸준히 격려해 주셔서 지금은 나아졌다.

3 ______________________________

비슷한 말

숫지다 | 숫하다 | 숫접다

12월

2

그림씨

발발다

기회를 재빠르게 붙잡아 이용하는 소질이 있다

기회는 어떤 일을 하기에 알맞은 때를 말하지요.
하루는 24시간이지만 공부할 수 있는 기회나
친구들과 놀 수 있는 기회 등은 다르므로
그런 기회가 오면 발밭게 활용해야 합니다.

보기

1. 그리스 신화에 나오는 기회의 신 카이로스는 앞쪽 머리카락은 길지만, 뒤쪽 머리카락은 하나도 없다. 발에는 날개가 달려 있고, 저울과 칼을 들고 있다. 기회의 신을 만났을 때 발밭게 잡지 않으면 날개가 달린 발로 휙 날아가는 데다가 머리카락조차 잡지 못해 놓치고 만다. 그래서 기회는 시간이기도 하다.

2. ______________________________

비슷한 말

약빠르다 | 벌렁벌렁하다

1월
29

이름씨

겉웃음

마음에도 없이 겉으로만 웃는 웃음

'웃으면 복이 와요' '웃는 얼굴에 침 못 뱉는다'처럼 웃음이 들어간 속담이 많아요.
그런데 언제나 밝고 환한 웃음만 있지는 않아요.
마음에 없는 겉웃음도 있어요.

보기

1. 설날 연휴 때 형은 겉웃음만 지었다. 새로 산 핸드폰을 실수로 떨어뜨려서 화면 유리가 깨졌기 때문이다.
2. 지난주에 다툰 정아와 나는 교실에서 서로 겉웃음만 쳤다. 나는 마음이 불편해서 어서 화해해야겠다고 결심했다.
3. ______________________________

더 알아보기

뭇웃음: 여러 사람이 함께 웃는 웃음 | 찬웃음: 비웃는 웃음
반웃음: 크게 웃지 않고 가볍게 웃는 웃음

12월

1

이름씨

걸음나비

걸음을 걸을 때 앞발 뒤축에서 뒷발 뒤축까지의 거리

12월은 한 해의 마지막 달이지만 한편으로는
새로운 해를 시작하기 위한 준비의 달이기도 합니다.
그동안 공부, 숙제, 친구 관계, 다양한 체험과 여행 등으로
분주하게 걸음나비를 했지요.

보기

1. 범죄 사건을 수사하는 형사들은 걸음나비를 통해서도 범인에 대한 여러 가지 단서를 찾아낼 수 있다고 한다.
2. 서연이와 미화는 서로의 걸음나비 길이가 같다는 것을 알자, 서로를 아끼는 마음의 크기가 같은 것처럼 기뻐했다.
3. ______________________________

더 알아보기

발: 두 팔을 벌렸을 때 한쪽 손끝에서 다른 쪽 손끝까지의 길이
바람: 실이나 새끼 따위 한 발 정도의 길이

1월

30

이름씨

주니

몹시 지루함을 느끼는 싫증 또는 지겨워하는 것

숙제나 공부, 운동 따위는 주니가 나도 해야 합니다.
그래야 즐겁고 행복한 미래가 열리니까요.
'주니'는 '뚜렷한 자신감이 없어서 내키지 않는 마음'이라는 뜻도 있어요.

보기

1. 오늘 원규는 중고 거래 시장에서 레고를 몽땅 팔았어요. 레고는 주니가 나서 다른 것에 관심을 갖기로 했대요.
2. 내가 글 쓰는 게 주니가 났다고 하자 엄마가 말씀하셨다. "잘 쓰려고 하지 말고 그냥 네가 쓰고 싶은 걸 써 볼래?"
3. ______________________________

비슷한 말

싫증나다 | 지겨워지다 | 넌더리 나다

매듭달

마음을 가다듬는 한 해의 끄트머리에 있는 달

1월

31

그림씨

어빡자빡하다

여럿이 서로 고르지 아니하게 포개져 있거나 자빠져 있는 상태

새해 첫날 청소한 내 방과 책상은 지금 어떤 모습이며,
새해에 다짐했던 결심은 여전히 흔들리지 않고 있나요?
무엇인가 흐트러지거나 널브러져 있을 때 어빡자빡하다고 하지요.

보기

1 연경이 책상은 늘 깨끗하다. 왜 내 책상만 늘 잡동사니가 어빡자빡하게 있을까?

2 도서실 선생님은 많은 책을 어빡자빡하지 않게 잘 정리하신다.

3 ______________________________

비슷한 말

얼기설기하다 | 얼키설키하다

어찌씨

구메구메

남모르게 틈틈이

여러분은 구메구메 실력을 쌓고 있는 것이 무엇인가요?
악기 연주, 운동, 글쓰기나 그림 그리기, 성대모사,
우리말이나 외국어 공부 등 할 수 있는 것들은 많지요.

보기

1. 루하와 로운이는 로봇 연구원인 루하 삼촌에게 로봇 공부를 구메구메 배운다. 두 아이의 꿈은 전쟁을 막는 로봇을 만드는 것이다.
2. 소연이는 책이나 영상을 보고 구메구메 그림책 만들기를 배우고 있다. 자기가 글을 쓰고 그림을 그려서 벌써 그림책 세 권을 만들었다.
3. ______________________________

비슷한 말

새새틈틈 | 짬짬이

시샘달

잎샘추위와 꽃샘추위가 있는 겨울의 끝 달

잎샘추위: 봄에, 잎이 나올 무렵의 추위
꽃샘추위: 이른 봄, 꽃이 필 무렵의 추위

11월

29

그림씨

숭굴숭굴하다

얼굴 생김새가 귀염성이 있고 너그럽게 생긴 듯하다

예쁜 얼굴이 귀여운 게 아닙니다. 잘 웃고, 버럭 화내지 않으며,
'미안해' '고마워' '안녕!'이라고 자주 말하는 얼굴이 예쁘고 귀여운 얼굴이지요.
숭굴숭굴한 사람은 보기만 해도 기분이 좋아집니다.

보기

1 숭굴숭굴한 은미는 예의 바른 말과 행동으로 사람들에게 좋은 인상을 준다.

2 우리 담임 선생님은 숭굴숭굴하지만, 거짓말을 하거나 약한 아이를 괴롭히는 아이에게는 호랑이보다 더 무서운 얼굴로 야단치신다.

3 ____________________

비슷한 말

둥글둥글하다 | 원만하다

2월 1

그림씨

맞갖다

마음이나 입맛에 꼭 맞다

식당에서 식사하면서 '역시 우리 엄마 솜씨가 더 좋아!'라고
느끼는 때가 종종 있지요.
입맛처럼 친구들과도 맞갖은 관계가 되면 마음이 즐겁겠지요.

보기

1. 우리 집 강아지는 길에서 맞갖지 않은 강아지들을 만나면 눈을 마주치지 않고 피합니다.
2. 앞집에 이사 온 은성이는 나보다 한 살 어린 외동이라 나를 친형처럼 잘 따라요. 나도 은성이와 성격이 맞갖아서 잘 놀아 주어요.
3. ____________________

반대말

마뜩잖다: 마음에 들 만하지 아니하다
마땅찮다: 흡족하게 마음에 들지 아니하다

11월

28

그림씨

실뚱머룩하다

마음에 내키지 않아 덤덤하다

여러분은 표정 관리를 잘하는 편인가요? 싫어도 좋은 척하며 잘 웃는 사람,
실뚱머룩한 표정을 얼굴에 그대로 드러내는 사람 등
사람마다 다르지요. 표정을 자유롭게 바꾸는 것도 지혜입니다.

보기

1. 그토록 친했던 혜수와 시연이는 다툰 뒤 교실이나 복도에서 마주칠 때마다 실뚱머룩한 얼굴로 휙 지나친다. 찬 바람이 불 정도이다.
2. 도현이는 아빠가 심부름을 시키자 실뚱머룩했다. 그런데 아빠 심부름을 하고 용돈이 생기자 구겨진 종이가 깨끗이 펴지듯이 얼굴이 밝아졌다.
3. ______________________________

비슷한 말

못마땅하다 | 불만스럽다

2월

2

움직씨

솔다

물기가 있던 것이나 상처 따위가 말라서 굳어지다

종이로 무엇인가 만들 때 풀칠을 자주 하지요.
그런데 풀칠을 하고 깜빡 잊기도 하지요.
뒤늦게 이를 알고 종이를 붙이려면 풀이 솔아 잘 붙지 않습니다.

보기

1. 친구들과 우리 집에서 종이로 군함 모형을 만들었다. 친구들이 돌아간 뒤에 나는 깜짝 놀랐다. 방바닥 여기저기에 풀이 솔아 청소하기 힘들었다.
2. 놀다가 무릎이 까졌다. 엄마가 소독하고 약을 발라 주자 상처가 솔아 피와 진물이 나오지 않았다. 마음의 상처를 솔아 주는 약이 있으면 얼마나 좋을까!
3. ______________________________

비슷한 말

굳다 | 말라붙다 | 졸아붙다

11월

27

그림씨

왕청되다

차이가 엄청나다

타조알과 메추리알, 코끼리와 개미, 장난감 버스와 진짜 버스는
그 차이가 엄청 크지요. 이럴 때 '왕청되다'라고 합니다.
크기뿐만 아니라 차이가 생길 수 있는 것에도 사용할 수 있답니다.

보기

1. 우리 삼촌의 키는 187센티미터인데 중학생 때까지만 해도 키가 작았다고 한다. 삼촌도 몇 년 사이에 자신의 왕청된 키에 놀랐다고 한다.
2. 나는 열심히 공부해서 지난해와는 왕청된 실력을 키우고 싶다.
3. ______________________________

더 알아보기

엇비슷하다: 어지간히 거의 비슷하다
고만고만하다: 고만한 정도로 여럿이 다 비슷비슷하다

2월

3

이름씨

찜부력

몸이나 마음이 괴로울 때 걸핏하면 짜증을 내는 짓

몸이 계속 아프면 찜부럭을 낼 수 있어요.
어려운 일로 마음이 힘들 때도 찜부럭을 부리지요.
여러분은 언제 찜부럭을 내나요?

보기

1. 동생은 툭하면 내 방을 어질러 놓아요. 내가 찜부럭을 부려도 소용없어요.
2. 아빠는 평소에 찜부럭을 잘 내지 않는다. 그래서 회사에서도 동료들과 즐겁게 일하고, 달리기 모임에서도 재미있게 운동한다.
3. ______________________________

비슷한 말

신경질을 부리다 | 툴툴대다 | 찌증을 내다

어찌씨

을밋을밋

우물쭈물하며 자꾸 일을 미루는 모양

사람은 누구나 약속을 지키려고 애쓰며, 약속을 잘 지키는 사람을 좋아합니다.
약속이나 목표를 자꾸 을밋을밋 미루지 않는 습관이 중요하지요.
어려서 생긴 습관은 고치기 쉽지 않거든요.

보기

1. 오늘 수업 시간에 내 좋은 점 다섯 가지를 썼다. 하늘이는 첫째로 '무슨 일이나 공부나 약속을 을밋을밋 미루지 않고 곧바로 한다'라고 적었다.
2. 재이가 '생일에 올 수 있으면 답장 줘'라는 문자를 보냈으나 나는 을밋을밋 미루다가 답장하는 걸 잊었다. 나는 뒤늦게 재이에게 사과했다.
3. ____________________

'을밋을밋'의 다른 뜻

자기의 잘못이나 책임을 남에게 넘기려는 모양

2월

4

그림씨

알근달근하다

맛이 조금 매우면서 달짝지근하다

혀가 느끼는 대표적인 맛은 '매운맛, 짠맛, 쓴맛, 단맛, 신맛'이지만,
맛을 표현하는 방법은 수천 가지입니다.
'알근달근'은 매우면서도 달짝지근한 느낌입니다.

보기

1. 떡볶이를 같이 먹던 아영이가 말했다. "와, 엄청 매운데도 달달해. 알근달근해!" "알근달근?" 나는 고개를 갸웃했다.
2. 밤늦게까지 공부하던 형은 알근달근한 야식을 먹으면 공부가 더 잘되는 것 같다고 해요.
3. ______________________________

비슷한 말

얼얼하다('알알하다'의 큰말) | 맵싸하다

11월

25

움직씨

고상고상하다

잠이 오지 않아 누운 채로 뒤척거리며 애를 쓰다

너무 기쁜 일이 있어도,
참을 수 없는 슬픈 일로 힘이 들 때도 밤에 고상고상하지요.
여러분은 들뜨거나 기뻐서 고상고상한 적이 언제였나요?

보기

1. 내일 고모가 강아지를 데리고 우리 집에 온다. 나는 강아지 이름을 무어라고 지어 줄까 고민하며 고상고상하다가 밤을 새우다시피 했다.
2. 경진이는 오늘 우리말 겨루기에 학교 대표로 출전했다. 어젯밤에 설레고 긴장되어서 고상고상하다가 우리말 일력을 다시 읽었다고 한다.
3. ______________________________

비슷한 말

엎치락뒤치락하다 | 뒤척이다

2월

5

이름씨

해찰

일에는 마음을 두지 않고 쓸데없이 다른 짓을 함

공부만 하려면 자꾸 다른 생각이 나거나 딴짓을 하나요?
그런 것을 해찰이라고 해요.
그런데 자기가 좋아하는 일이나 게임을 할 때는
해찰할 사이도 없이 시간이 너무 빨리 가지요?

보기

1 강아지가 자꾸 물건들을 어질러 놓자, 엄마는 "해찰 좀 그만해!"라고 야단쳤다.

2 친구들과 인터넷 게임을 했는데 해찰하는 아이가 한 명도 없었다. 게임을 할 때는 모두 모범생이 되는 것 같다.

3 ______________________________

비슷한 말

딴짓하다 | 게으름 피우다

11월

24

이름씨

글눈

글을 보고 이해하는 능력

글눈은 글에 눈이 있다는 뜻이 아니라
'글을 읽고 그 내용이 무엇인지 이해하는 능력'이지요.
여러분의 시력에 상관없이 글눈은 얼마든지 키울 수 있답니다.

보기

1 어릴 때부터 유튜브를 자주 본 상호는 글눈이 아주 약했다. 책을 읽고 책 내용에 대해 토론하는 시간을 가지면서 글눈이 좋아지고 있다.

2 날마다 문해력 일력을 읽는 정태는 글눈이 좋아져서, 재밌게 읽은 책의 내용을 자기 생각을 담아 발표하거나 글로 잘 정리한다.

3 ______________________________

더 알아보기

글속: 글이나 학문을 이해하는 정도

글발: 읽는 이가 수긍하게 하는 글의 힘

2월

6

이름씨

넉장거리

두 팔과 두 다리를 벌리고 뒤로 벌렁 넘어짐

늘 안전사고를 조심해야 합니다.
잘못해서 넉장거리로 자빠지면 크게 다칠 수 있으니까요.
학교에서도 길에서도 장난치지 말고 주위를 살피며 잘 걸어야 해요.

보기

1. 핸드폰을 보며 걷다가 돌부리에 걸려 넘어지려는 순간, 어느 아저씨가 나를 잡아 주었다. "자칫 넉장거리로 넘어졌으면 큰일 날 뻔했구나."
2. 목줄 풀린 강아지가 갑자기 나에게 달려들어서 넉장거리로 넘어질 뻔했다.
3. ____________________

더 알아보기

낙장거리: '넉장거리'의 작은말

움직씨

늘채다

미리 생각한 것보다 수효가 늘다

"비가 와서 사람이 많이 오지 않을 거라 놀이기구를 편하게 탈 것 같아"라고 생각하고 놀이공원에 갔다가 사람이 늘채어 줄 서 있는 것을 보고 놀란 적이 있나요?

보기

1. 사촌 동생 돌잔치에 갔는데 사람들이 늘채서 떡이 부족할 뻔했다.
2. 우리 반은 어르신을 위한 예능 발표회를 하기로 했다. 그래서 먹거리와 선물을 후원해 달라고 홍보했는데 늘채어 정리하기 힘들 정도이다.
3. ______________________________

더 알아보기

퍼지다: 수효가 많이 붇거나 늘다

2월

7

움직씨

어루꾀다

듣기 좋은 말로 남을 꾀다

진실한 말에는 거짓이나 과장이 없지만, 어루꾀는 말에는 속임이 있어요.
왜 어루꾀는 말을 할까요?
남에게 잘 보여서 무언가 이익을 얻으려는 것이지요.

보기

1. 어루꾀는 광고 문자인지 모르고 엄마의 핸드폰 번호를 입력하려는데 형이 야단쳤다. 나는 얼른 정신을 차리고 광고 문자를 지웠다.
2. 용돈을 더 받고 싶어서 엄마에게 아양을 부리자 아빠가 웃으며 말했다. "어루꾀지 말고 네 마음을 말해."
3. ______________________________

비슷한 말

얼렁거리다 | 아첨하다

11월

22

움직씨

그느르다

돌보고 보살펴 주다

그느르는 아름다운 일은 힘이 있거나 어른만 할 수 있지 않아요.
서로 다정하게 말해 주고 칭찬해 주는 일,
친구가 아플 때 도와주는 일도 그느리는 것이지요.

보기

1. 철부지였던 성진이는 동생이 생기자 의젓해졌다. 걸음마를 시작한 동생이 위험한 물건을 못 만지게 그느르며 형 노릇도 잘한다.
2. 유진이는 오른쪽 발목을 다쳐 한 달 동안 깁스를 하고 다녔다. 다행히 란주가 날마다 그느르는 덕에 불편하지 않았다.
3. ______________________________

더 알아보기

냉정하다: 태도가 정다운 맛이 없고 차갑다

2월

8

어찌씨

존조리

잘 알아듣도록 하나하나 친절하게

내가 잘못했을 때 누군가 소리 지르며 화를 내면
미안하다는 말도 제대로 못 하지요.
그러나 내 잘못을 존조리 알려 주는 어른 앞에서는
저절로 반성하게 됩니다.

보기

1. 나는 예은이네 집에서 놀다가 화분을 넘어뜨렸다. 예은이 엄마가 "다친 데 없니? 집 안에서는 뛰어놀지 말아라"라며 존조리 말해 주었다.
2. 내가 용돈을 올려 달라고 하자 엄마는 존조리 말했다. "가을에 월급이 오르니까 그때 올려줄게." 나는 씩씩하게 "네!"라고 대답했다.
3. ______________________________

비슷한 말

차근차근 | 차곡차곡

11월

21

움직씨

저큼하다

잘못을 고치고 다시 같은 잘못을 하지 않도록 조심하다

실수하거나 잘못했을 때 그 즉시 반성하고 저큼하면
내 마음과 행동과 습관도 훨씬 나은 방향으로 나아갈 겁니다.
저큼하고 또 저큼하면서 멋진 사람이 되어요.

보기

1. 모임에 10분 지각할 때마다 100원씩 내기로 했다. 어느새 내 벌금이 천 원이 되었다. 정말 다음부터는 늦지 않게 저큼해야겠다고 다짐했다.
2. 종호는 누나에게 '이 바보야!'라고 말하는 버릇이 있었는데 저큼하고 저큼해서 세 달 만에 고쳤다. 나쁜 버릇을 고치니까 좋은 버릇이 생기는 것 같다.
3. ______________________________

더 알아보기

귀둥대둥하다: 말이나 행동을 되는대로 아무렇게나 하다

2월

9

그림씨

종요롭다

없으면 안 될 만큼 중요하다

자신한테 소중한 것들 가운데 특히 종요로운 것은 '보물 1호'라고 말하지요.
여러분의 보물 1호는 무엇인가요?
또 식구 말고 종요로운 사람은 누구인가요?

보기

1. 나는 특별히 잘하는 게 없지만, 친구들은 운동할 때도, 놀이터에 갈 때도 나를 부른다. 내가 이렇게 종요로운 아이라니, 참 기쁘다.
2. 우리 가족, 반 친구들, 선생님, 그리고 동네 이웃들 모두 나에게는 종요로운 사람들이다.
3. ______________________________

비슷한 말

주요하다 | 긴요하다

11월

20

그림씨

굴침스럽다

어떤 일을 억지로 하려고 애쓰는 듯하다

공부나 일을 열심히 하는 사람보다 더 멋진 사람은 어떤 사람일까요?
'즐거움 마음으로 하는 사람'이지요.
굴침스럽게 하면 결국 짜증을 내고 결과도 썩 좋지 않거든요.

보기

1 문해력이 약한 윤하는 엄마 조언대로 동화책을 읽기 시작했다. 그러자 굴침스럽게 읽고 쓰던 내가 점점 글쓰기를 좋아하기 시작했다.

2 호철이는 쓰레기 분리수거 심부름을 할 때마다 굴침스럽게 했다. 그러나 엄마가 용돈을 올려 준다고 하자 시키기도 전에 한다.

3 ______________________________

더 알아보기

굴치다: '굴뚝을 막다'라는 뜻으로, 옹기장이들끼리 쓰는 말이다

움직씨

새살떨다

성질이 차분하지 못하고 가벼워 실없이 수선을 부리다

기분이 좋거나 마음이 불안하면
말이 많아지고 몸의 움직임도 커집니다.
이렇게 말이나 행동이 차분하지 못할 때 새살떤다고 하지요.

보기

1 친구들과 놀이공원에 갈 생각에 좋아서 춤추며 노래를 불렀다. 그러자 오빠가 "세살떨지 말고 가만히 좀 있어!"라며 야단쳤다.

2 방학 동안에 공부를 자꾸 미뤘더니 무엇부터 해야 할지 몰라 마음만 불안해 허둥거렸다. 그때 오늘 일력에서 읽은 '세살떨다'가 생각나서 피식 웃었다.

3 ______________________________

비슷한 말

시설떨다 | 떠들썩하다 | 새실떨다

11월

19

그림씨

구쁘다

배 속이 허전하여 자꾸 먹고 싶다

아이가 금방 밥을 먹고도 온갖 간식과 음료를 자꾸 먹으니까
엄마가 "그냥 냉장고를 먹어라!"라고 했대요.
물론 우스갯소리지만 한창 자랄 때에는 늘 구쁘지요.

보기

1. 은석이가 방금 간식을 먹고도 또 "엄마, 간식 주세요!"라고 말했다. 아빠는 "나도 어릴 때는 늘 구쁜 바람에 먹고 또 먹었지"라며 엄마 대신 간식을 챙겨 주었다.
2. 우리 강아지는 잠잘 때만 빼고는 늘 구쁜 것 같다. 내가 물만 마셔도 자기도 달라고 펄쩍 펄쩍 뛴다.
3. ______________________________

비슷한 말

허기지다 | 주리다

이름씨

명절이나 잔치 때에 차려입는 옷

요즘은 계절에 상관없이 마음대로 옷을 사고팔 수 있으며,
"이 옷이 유행이야!"라며 유행하는 옷을 입기도 하지요.
그래도 특별히 기념할 날이나 명절에 입는 옷,
즉 빔은 유행과 상관없이 입는답니다.

보기

1 유치원 졸업식 때 공연하는 동생을 위해 이모가 추석빔을 고쳐서 천사 옷을 만들어 주었어요.

2 엄마는 설빔이 너무 낡았는데도 버리지 못했어요. 언니랑 나는 어서 커서 엄마 설빔을 사 드리기로 했어요.

3 ____________________

더 알아보기

4대 명절: 설날, 한식, 단오, 추석(한가위)

11월

18

그림씨

짐벙지다

신이 나고 매우 많아서 넉넉하다

대학 수학 능력 시험 고사장 앞에서 수험생들을 응원하는 후배들로
짐벙지는 뉴스를 볼 수 있어요. 축제 같은 분위기예요.
이런 분위기와 달리 수험생들의 얼굴에는 진지함과 긴장감이 가득하답니다.

보기

1. 할아버지가 사시는 마을 사람들은 대부분 농사를 짓는다. 그래서 추수가 끝나면 햅쌀로 떡을 만들어서 짐벙지게 마을 잔치를 벌인다.
2. 지효가 전국 어린이 발명 대회에서 으뜸상을 받았다. 이모와 외삼촌이 지효를 축하해 주려고 짐벙지게 식사 자리를 만들었다.
3. ______________________________

비슷한 말

푸짐하다 | 듬뿍하다

2월

12

움직씨

벋나다

사물의 끝이 바깥쪽으로 나다 또는 못된 길로 나가다

공책에 곧게 줄을 긋는데 누군가 툭 치면 줄이 엉뚱한 쪽으로 벋납니다.
“게임을 오래 하지 마”라고 엄마가 말했는데도 계속한다면?
엄마에게 벋나게 구는 것이지요.

보기

1. 늦잠 자서 엄마한테 야단맞은 나는 하루 종일 벋난 행동만 했다.
2. 아빠가 화분 갈이를 하면서 가지와 뿌리를 다듬는 이유는 벋나간 가지를 잘라 주지 않으면 나무 모양이 뒤틀릴 수 있기 때문이라고 했다.
3. ____________________

비슷한 말

벋가다 | 뻗가다 | 빗나가다

이름씨

질기둥이

바탕이 몹시 질긴 물건

가죽은 대부분 '질기둥이'지만 종이도 질긴 성질이 있고,
포대나 밧줄의 재료인 삼도 아주 질기지요. 질기둥이는 딱딱하거나
철처럼 단단한 것과는 다르답니다.
성질이 아주 끈질긴 사람도 질기둥이라고 불러요.

보기

1. 할머니의 사진첩 겉장과 뒷장은 무슨 가죽인지 모르지만 질기둥이라 100년이 넘었는데도 새것 같다.
2. 한 분야에서 성공한 사람들의 특징은 하나같이 질기둥이라는 사실이다. 실패해도 포기하지 않고 끈질기게 물고 늘어진다.
3. ______________________________

비슷한 말

질깃질깃하다 | 잘깃잘깃하다

2월

13

이름씨

늘품

성격이나 물건의 품질 등이 좋게 발전할 낌새가 있는 것

'어릴 때 특별한 재능이 없고 공부도 잘하지 못했지만
그 아이의 늘품을 알아본 부모님이나 선생님이
잘 지도해서 훌륭한 사람이 됐다'라는 이야기를 때때로 듣습니다.
여러분의 늘품은 무엇인가요?

보기

1. 명섭이가 피아노를 치다가 자꾸 틀리자 선생님이 격려해 주었다. "너는 피아노를 잘 칠 수 있는 늘품이 보이니까 조급해하지 말고 꾸준히 노력해 보렴."
2. 작고 힘이 없어 보였던 강아지가 몇 달 만에 몸집도 커지고 튼튼해졌어요. 이렇게 늘품이 숨어 있는 줄 몰랐네요!
3. ____________________

비슷한 말

싹 | 잠재력

11월

16

이름씨

첫고등

맨 처음의 기회

기회란 어떤 일을 하기에 알맞은 시기나 상황입니다.
기회는 자주 오지 않지요.
더구나 첫고등은 처음이자 마지막 기회일 수도 있으니
정신 차리고 잘해야겠지요.

보기

1. 랩 부르기 대회를 준비하느라 동근이는 몸이 아플 정도다. 첫고등이지만 이 기회를 놓치면 일 년을 다시 기다려야 하기 때문이다.
2. 유담이는 웹툰 공모전에 첫고등에 장려상을 받자, 이제는 우수상을 받기 위해 더 노력해야겠다고 다짐했다.
3. ______________________________

비슷한 말

첫대바기

2월

14

어찌씨

휘뚜루마뚜루

이것저것 가리지 않고 닥치는 대로 일을 해내는 모양

나는 언제 휘뚜루마뚜루 움직이는지 생각해 보아요.
숙제나 시험공부를 계속 미루다가 시간이 다가오면
마음이 불안해져서 휘뚜루마뚜루 하나요?

보기

1. 나는 작년에 탁구 교실을 다녔는데 잘난 체하느라 배운 대로 하지 않고 휘뚜루마뚜루 쳤다. 그 바람에 잘못 들인 동작이 지금도 잘 고쳐지지 않는다.
2. 강아지가 밖으로 나가고 싶다며 온 집 안을 휘뚜루마뚜루 뛰어다녀요.
3. ______________________________

비슷한 말

닥치는 대로 | 설렁설렁

이름씨

텁텁이

까다롭지 않고 소탈한 사람

"너는 왜 이렇게 까다롭니? 텁텁이처럼 내가 하라는 대로 해."
부모님들은 가끔 이렇게 말하지만, 취미나 입맛 등도 사람마다 다르듯이
성격도 텁텁이 같은 사람도 있고 아주 예민한 사람도 있지요.

보기

1. 누구나 경진이를 처음 보면 차갑게 생겼다고 한다. 그러나 이야기를 나누어 보면 텁텁이 성격이 드러나서 모두 경진이를 좋아한다.
2. 우리 아파트 부녀회장 아주머니는 텁텁이라고 소문이 났지만, 주민을 위해서 일할 때는 여간 까다롭지 않다.
3. ______________________________

더 알아보기

테설이: 성질이 거칠고 심술궂은 사람
헐렁이: 행동이 들떠서 진중하지 못한 사람

2월

15

그림씨

여낙낙하다

성격이 곱고 부드러우며 상냥하다

화 잘 내고 신경질 많은 사람이 아닌 여낙낙한 사람을 만나면
우리는 저절로 마음이 행복해집니다.
나는 여낙낙한 사람인가요?

보기

1. 모든 나라의 지도자들이 여낙낙한 마음을 가지면 전쟁이 멈추지 않을까?
2. 링컨 대통령은 자신을 싫어하고 반대하는 사람들을 여낙낙하게 대해 주어서 오히려 적을 친구로 만들었대요.
3. ____________________

비슷한 말

싹싹하다 | 살갑다 | 나긋나긋하다 | 사근사근하다

움직씨

판막다

마지막 승부에 이겨서 그 판을 끝내다

‘끝이 좋으면 다 좋다’라는 말처럼 시작은 허술해도 판막으면 기쁨이 크지요.
스포츠 경기에서 가장 재미있는 경기는 지던 팀이 판막는 경기가 되는 것이지요.
포기하지 않으면 기회는 꼭 온답니다.

보기

1. 옆 반과 축구 시합을 하는데 후반전까지 동점이었다. 종료 직전에 성윤이가 골을 넣어 경기를 판막자 우리 반 아이들 모두 일어나 소리를 질렀다.
2. 지호는 할아버지와 바둑을 두다가 결정적인 한 수로 판막자 ‘야호!’ 소리쳤다. 할아버지는 “언제 실력이 이렇게 늘었니?” 하며 껄껄껄 웃으셨다.
3. ______________________________

비슷한 말

판막음하다 | 판막이하다 | 판가름하다

2월

16

이름씨

삭정이

산 나무에 붙은 채 말라 죽은 가지

나무나 꽃은 아프거나 영양분이 부족하면
시들시들 마르다가 다시는 살아나지 못합니다.
우리 마음도 나무나 꽃처럼 잘 관리해야 삭정이가 되지 않아요.

보기

1. 겨울 산에 앙상한 나무들이 많아서 걱정하자 아빠가 말했어요. "삭정이 같지만, 봄이 되면 다시 튼튼하게 자랄 거야."
2. 아프리카에 심한 가뭄이 들어서 풀과 나무들이 삭정이가 되고, 아이들은 배고픔으로 고통받고 있다.
3. ______________________________

더 알아보기

삭정불: 삭정이를 태우는 불

11월 13

움직씨

괘괘이떼다

단호히 거절하다

누군가 나에게 옳지 않은 일을 시킬 때,
꺼림칙한 행동을 나에게 하려고 할 때
"싫어요!" "안돼요!"라고 크게 소리치며 괘괘이떼야 합니다.

보기

1. "네 가방 고리 예쁜데 내가 갖고 갈게." 한 학년 높은 언니가 내게 겁을 주었다. 무서웠지만 안 된다고 소리치며 내가 괘괘이떼자, 그 언니는 도망치듯 갔다.
2. 나랏일을 하는 사람들이 뇌물이나 좋지 않을 부탁을 받을 때 괘괘이떼면 지금보다 백배는 행복한 나라가 될 것이다.
3. ______________________________

비슷한 말

내박차다 | 물리치다 | 뇌거하다

그림씨

아름차다

힘에 벅차다 또는 그 결과가 좋아 뿌듯하고 보람이 있다

두 팔을 힘껏 펴서 손끝이 서로 닿도록 둥글게 모을 때
만들어진 둘레를 아름이라고 해요.
온 힘을 다해 만든 둥근 원이 '아름'이라서 '아름차다'가
'힘에 벅차다'라는 뜻을 갖게 되었지요.

보기

1. 나는 큰 나무를 보면 안아 보는데 나무 껴안기는 아직 나에게 아름찹니다.
2. 아빠랑 집 앞의 눈을 치우자 사람들이 '고맙다, 수고한다'라고 말해 주었어요. 그 말에 아름차서 힘이 났어요.
3. ______________________________

비슷한 말

힘겹다 | 보람차다 | 값지다

11월 12

이름씨

피천

아주 적은 액수의 돈

어린이에게는 1만 원이 큰돈이지만 어른에게는 피천일 수 있습니다.
『크리스마스 캐럴』의 스크루지 영감처럼
피천도 나누지 않는 구두쇠는 되지 말아요.
적은 돈도 큰 힘이 될 수 있으니까요.

보기

1. 옆집 할아버지는 폐지를 모아 팔아서 생활하신다. 다른 사람들에게는 피천일지 모르지만, 할아버지는 소아암을 앓는 어린이를 위해 기부도 하신다.
2. 나는 용돈을 아껴 모은 피천으로 아빠의 생신 선물을 샀다. 아빠가 정말 기뻐하셔서 마음이 뿌듯했다.
3. ______________________________

같은 말

노린 동전 | 노린전

2월

18

이름씨

정강말

정강이의 힘으로 걷는 말

여러분이 태어나서 처음 탄 것은 무엇인가요?
장난감 자동차, 세발자전거, 아빠 자동차? 아닙니다. 정강말이지요.
'정강말'은 '아무것도 타지 않고 제 발로 걷는 것'을 재밌게 표현한 말입니다.

보기

1. 옛날에는 주로 정강말로 다녔는데 서울에서 부산까지 얼마나 걸렸을까요?
2. 어릴 때 정강말만 타고 다닌 할아버지는 중학교 1학년 때 처음 버스를 탔다고 하신다. 그런데 지금은 비행기도 종종 타신다.
3. ______________________________

속담

정강이가 맏아들보다 낫다: 성한 발이 있으면 여기저기 돌아다니며
구경도 할 수 있고 맛있는 음식도 먹을 수 있다는 말

11월

11

움직씨

흉하적하다

남의 잘못이나 결점 따위를 드러내어 말하다

'똥 묻은 개가 겨 묻은 개 나무란다'라는 속담이 있어요.
자신의 큰 허물은 생각하지 않고 남의 작은 허물을 비웃는다는 뜻이에요.
흉하적하는 것이 버릇되면 친구들이 좋아하지 않지요.

보기

1. 미옥이는 "나는 우리 반 아이들의 단점을 다 알아!"라고 떠들고 다닌다. 흉하적하는 것은 자랑할 게 아닌데 안타깝다.
2. 석운이는 내가 잘하는 것이 많지 않은데도 아이들 앞에서 흉하적하지 않고 오히려 나의 장점만 이야기한다. '고마워, 석운아!'
3. ______________________________

비슷한 말

흉보다 | 헐뜯다 | 흉잡다

2월

19

이름씨

암상

남을 미워하고 샘을 잘 내는 마음이나 행동

친구나 형제라도 나보다 공부나 운동을 더 잘하거나
칭찬을 더 받으면 암상이 납니다.
그런데 암상이 나면 마음을 어떻게 다스려야 할까요?

보기

1. 올림픽 대회 때 우승을 못 하자 인사도 악수도 안 하며 암상 부리는 선수들이 있었다. 그런 사람은 마음이 건강해지는 운동을 해야 한다.
2. 그림 그리기 대회에서 은하는 상을 받고 나는 못 받았다. 슬프고 화도 났지만 암상 부리지 않고 축하해 주었다.
3. ______________________________

비슷한 말

샘 | 시기심 | 시새움 | 심술 | 질투

움직씨

장대다

마음속으로 기대하며 기회를 엿보다

여러분은 요즈음 무엇을, 어떤 일을 장대고 있나요?
마음속으로 좋은 일이나 기쁜 소식을 기대하는 것이 있는 사람은
웬만한 일에 화내거나 짜증 부리지 않지요.

보기

1. 희진이와 현기는 한 달도 넘게 남은 성탄절 잔치를 위해 장대고 있다. 용돈도 모으고, 카드도 만들며, 친구들 앞에서 함께 부를 노래도 연습했다.
2. 도경이는 우리말 겨루기 행사에서 으뜸상을 받겠다며 장대고 연습하고 있다. 엄마 아빠도 열심히 도와주며 같이 공부하는 중이다.
3. ______________________________

비슷한 말

벼르다 | 마음먹다 | 노리다

2월

20

움직씨

한포국하다

넉넉하고 흐뭇하게 가지다

우리는 얼마큼 가져야 행복할까요?
장난감이 방 안 가득 한포국하면?
조금만 공부해도 내 머리 안에 지식이 한포국하면?
이런 상상을 재미있는 동화로 써 보아요!

보기

1. 지구촌 뉴스를 볼 때마다 '세계와 우리나라 경제가 좋아져서 모든 사람이 한포국하여 걱정 없이, 다툼 없이 살면 참 좋겠다'라고 바라본다.
2. 나는 옷도, 먹을 것도, 인형도 한포국했으면 좋겠다. 만날 언니와 동생 사이에서 내 것을 한포국할 수가 없다.
3. ______________________________

비슷한 말

풍성하다 | 흡족하다

11월

9

이름씨

겨끔내기

서로 번갈아 하기

겨끔내기는 주로 '겨끔내기로' 꼴로 쓰입니다.
서로 번갈아 하면 힘이 덜 들지요.
쉬운 일이든 힘든 일이든 여럿이 함께하는 일에는
겨끔내기로 하는 방법이 참 도움이 됩니다.

보기

1. 동네 놀이터에 자가발전 자전거가 새로 설치되었다. 인호와 태희는 신기하기도 하고 재미있어서 어제 하루 종일 겨끔내기로 타며 놀았다.
2. 학교 대표로 줄넘기 대회에 나간 세원이와 주희는 호흡이 잘 맞았다. 겨끔내기로 여러 가지 실력을 뽐내어 으뜸상을 받았다.
3. ______________________________

비슷한 말

갈마들다 | 대거리하다

2월

21

그림씨

미쁘다

믿음성이 있다

겉모양이나 하는 행동이 마음에 쏙 들면 예쁘다고 합니다.
'미쁘다'는 겉모양보다는 마음이나 생각과 관계가 더 있지요.
나에게 미쁜 친구는 누구인가요?

보기

1. 국회의원 선거 때 엄마 아빠는 미쁜 사람을 뽑았다고 했다. 어떤 사람이 미쁜 사람이냐고 묻자, 엄마가 존조리 설명해 주었어요.
2. 아빠는 미쁜 친구가 많다고 늘 자랑한다. 나의 미쁜 친구는 누구인지 생각해 보았다.
3. ______________________________

비슷한 말

미덥다 | 믿음직스럽다

11월

8

이름씨

게꽁지

지식이나 재주 따위가 아주 짧거나 보잘것없는 것

엄마가 '게'를 사 오면 꽁지가 있는지 자세히 보세요. 웃음이 나올 거예요.
꽁지라고 할 수 없는 모양이거든요.
그래서 게꽁지는 볼품없고 내세우기 부끄러운 실력을 말합니다.

보기

1. 토끼가 힘자랑을 하자 다른 동물들이 무서워 떨었어요. 사실은 토끼 뒤에 있는 늑대를 보고 무서워한 것이지요. 토끼는 자기 힘이 게꽁지만 한 걸 몰랐어요.
2. 그 늑대는 동물들이 자기를 무서워하는 줄 알고 으스댔지요. 자기 뒤에 호랑이가 무섭게 쳐다보고 있다는 사실을 모르고요. 늑대도 게꽁지였지요.
3. ______________________________

더 알아보기

꽁지: 새의 꽁무니에 붙은 깃 또는 주로 기다란 물체나 몸통의 맨 끝부분

2월 22

이름씨

두레상

여러 사람이 둥그렇게 앉아 식사할 수 있게 만든 큰 상

『원탁의 기사』라는 작품이 있어요.
100명이 둘러앉을 수 있는 둥근 탁자(원탁)에 기사들이
지위 구별 없이 앉아 회의합니다.
원탁, 즉 두레상은 화해와 연합을 상징합니다.

보기

1. 명절이나 가족 모임 때 우리 집은 큰 두레상을 펼쳐요. 그때마다 어른들은 "우리 모두 두레상처럼 둥글고 화목하게 살자!" 하며 좋아하십니다.
2. 아빠 회사의 회의실 책상이 두레상처럼 둥근 것으로 바뀌었대요. 직위를 따지지 않고 앉아서 회의하니까 회사 분위기가 점점 좋아지고 있대요.
3. ______________________________

비슷한 말

두리반 | 두리기상 | 두루거리상

11월
7

이름씨

귀썰미

한 번만 들어도 잊지 않는 재주

분명 지난 수업 시간에 배운 내용인데 까맣게 기억이 나지 않을 때가 있어요.
그럴 때면 귀썰미 있는 친구가 부럽지요.
하지만 조금 더 귀 기울여 노력하면 귀썰미가 생길 거예요.

보기

1. 천문학자가 꿈인 은희는 별자리 이름이나 운하의 종류 등을 한 번 들으면 다 기억한다. 은희는 자기도 그런 귀썰미가 있는 줄 몰랐다.
2. 아빠는 어릴 때부터 귀썰미가 있어서 그날 학교에서 공부한 것을 공책에 거의 그대로 다시 썼다고 하자 민서가 졸랐다. "아빠, 나도 방법 좀 알려 줘."
3. ______________________________

더 알아보기

눈썰미: 한두 번 본 것을 그대로 해내는 재주

2월

23

이름씨

눈부처

눈동자에 비치어 나타난 사람의 모습

눈부처는 불교 용어가 아니라 우리말이에요.
엄마 아빠의 눈을 가까이에서 쳐다보면 눈동자에 비친 내 모습이 보이지요.
이것을 눈부처라고 해요. 친구의 눈에서 내 눈부처를 본 적이 있나요?

보기

1. 경은이와 눈부처 놀이를 했는데, 둘 다 눈물이 나와서 실패했다.
2. 엄마 아빠는 연애할 때 심하게 다투다가 서로의 눈을 노려보았다고 한다. 그런데 상대방 눈에서 자기 눈부처가 보여서 서로를 안아 주었다고 한다.
3. ______________________________

더 알아보기

눈대중: 눈으로 보아 어림잡아 헤아림
눈비음: 남의 눈에 들기 위하여 겉으로만 꾸미는 일

11월 6

어찌씨

나지리

자기보다 능력이나 품격이 못하게

상대가 옷차림이 허름하거나 몸집이 작으면
'나보다 못난 사람이군' 하며 나지리 여기어 무시하지요.
우리말 문해력 일력을 읽는 여러분은 친구들을 나지리 보지 않지요?

보기

1 나윤이는 전학 온 민기가 더듬거리며 말하자 나지리 보았다. 그러나 민기가 자기보다 축구를 잘하자 갑자기 친한 척했다.

2 허름한 옷을 입은 아주머니가 식당에 들어서자 종업원들은 인사도 안 하며 나지리 여겼다. 알고 보니 그 사람은 식당 사장의 어머니였다.

3 ______________________________

더 알아보기

낮추보다: 남을 자기보다 낮게 보아 업신여기다
깔보다: 얕잡아 보다

2월

24

어찌씨

난딱

머뭇거리지 않고 가볍게 냉큼 딱

엄마가 심부름을 시키면 "네!" 하고 자리에서 난딱 일어나면 엄마가 좋아하지요.
친구와 다퉜을 때 먼저 "미안해"라고 난딱 말하면
이미 친구와 화해한 것이나 다름없죨.

보기

1. 체조 선수가 공중제비를 돌다가 발을 잘못 디뎠는데, 넘어지지 않고 이내 난딱 바로 서는 모습을 보고 나도 모르게 박수를 쳤다.
2. 어린이를 위한 좋은 법들이 국회에서 난딱 통과되었으면 좋겠다.
3. ______________________________

비슷한 말

냉큼 | 닁큼 | 얼른

11월

5

어찌씨

노박이로

줄곧 한 가지에만 붙박이로 또는 줄곧 계속해서

무슨 일이든 포기하지 않고 노박이로 하면 좋은 결과를 맺을 수 있어요
문해력 공부도 마찬가지입니다.
노박이로 읽고, 생각하고, 쓰면 실력이 높고 넓게 늘어납니다.

보기

1 아빠는 사과 과수원을 시작했는데 몇 해 동안 계속 실패했다. 그래도 아빠는 포기하지 않고 노박이로 매달린 결과 이제는 해외에도 수출하게 되었다.

2 경희는 수학을 포기하려고 했다. 그러나 외삼촌의 도움을 받으며 노박이로 공부해서 눈에 띌 정도로 실력이 늘었다.

3 ______________________________

비슷한 말

끈질기게 | 끈덕지게

2월
25

어찌씨

가리산지리산

이야기나 일이 질서가 없이 갈피를 잡지 못하는 모양

가리산은 강원도 홍천군과 춘천시 사이에 있고, 지리산은 소백산맥 남쪽에 있어요.
발음이 비슷한 두 산의 이름을 묶어서
"가리산인지 지리산인지 잘 모르겠어"라고 재미있게 쓰는 표현입니다.

보기

1. 우리 강아지는 산책만 나가면 너무 좋아해 나까지 가리산지리산 뛰어다닌다.
2. 나는 시험을 볼 때마다 가리산지리산 당황한다. 엄마는 심호흡을 크게 세 번 하면 긴장이 누그러진다고 알려 주었다.
3. ______________________________

비슷한 말

갈팡질팡 | 우왕좌왕 | 허둥지둥

이름씨

적바림

나중에 참고하기 위하여 글로 간단히 적어 둠 또는 그런 기록

11월 4일은 '한글 점자의 날'이며,
한글 점자의 날이 속한 한 주는 '한글 점자 주간'이에요.
적바림처럼 간단한 글이나 두꺼운 한 권의 책도 점자로 만들 수 있지요.

보기

1. 작가가 꿈인 서은이는 무엇이든 적바림하는 습관이 있다. 그래서 서은이 책상 서랍에는 적바림으로 꽉 찬 작은 수첩이 여러 권 있다.
2. '점자'는 지면에 도드라지게 나온 점을 일정한 방식으로 맞추어서 만든 시각장애인용 문자이다. 적바림도 얼마든지 가능하다.
3. ______________________________

비슷한 말

글발 | 기록

2월

26

이름씨

헤살

일을 짓궂게 훼방함 또는 그런 짓

'헤살 부리다, 헤살 놓다, 헤살 치다' 등 여러 표현이 있는데,
헤살이 아주 나쁜 말은 아니라서 친구 사이에 장난으로 할 수도 있어요.
물론 상대방이 싫어하면 하지 말아야겠지요.

보기

1. 우리 학원에는 열심히 공부하는 친구나 힘이 약한 친구를 골탕 먹이려고 헤살 치는 아이가 있다.
2. 내 짝꿍은 헤살이 심하다. 아이들이 모여 있으면 가운데로 파고들어서 '난 슈퍼맨이다!' 하고 외친 뒤 도망친다.
3. ______________________________

비슷한 말

헤살꾼 | 헤살질

11월 3

이름씨

도장왈짜

아무 일에나 나서서 잘난 체하는 사람을 비유로 이르는 말

도장왈짜 같은 사람의 특징 중 하나는
자기의 똑똑함을 인정받고 싶은 마음이 크다는 것입니다.
정말 지혜로운 사람은 내가 나서서 말하지 않아도 모두 알아주지요.

보기

1. 학교에서 늘 1등을 하는 현기는 도장왈짜처럼 행동하지 않아서 누구에게나 칭찬을 받는다.
2. 회의할 때는 도장왈짜처럼 떠드는 것보다 여러 사람의 의견을 귀담아듣는 태도가 필요하다.
3. ______________________________

더 알아보기

오지랖(이) 넓다: 쓸데없이 지나치게 아무 일에나 참견하는 면이 있다
또는 염치없이 행동하는 면이 있다

이름씨

칼벼락

몹시 호된 벼락

번쩍! 번갯불이 비치더니 하늘이 찢어지듯 날카로운 소리를 내고,
오싹한 무서움을 들게 하는 칼벼락이 칩니다.
무섭도록 화를 내며 야단치는 것도 칼벼락이라고 하지요.

보기

1. 암행어사는 자기 모습을 감추고 돌아다니며, 힘없는 백성을 괴롭히는 나쁜 관리들을 찾아내 그들에게 칼벼락을 내린다.
2. 공부하지 않고 몰래 게임하다가 할아버지께 들켜 칼벼락을 맞았다.
3. ______________________________

비슷한 말

날벼락 | 불벼락 | 꾸지람

11월

2

이름씨

돌심보

마음속을 드러내지 않는 냉정한 마음보 또는 그런 사람

재미있게 놀고 맛있는 과자를 나누어 먹어도 돌심보 같은 친구들이 있습니다.
이럴 때는 “네 진짜 생각은 뭐야?”라며 강요하지 말고
그 친구가 마음 문을 열 때까지 기다려 주세요.

보기

1. 두 나라 대표는 회담하는 내내 돌심보를 유지했다. 서로 주장하는 자기 나라의 이익이 달랐기 때문이다. 회담은 다시 열기로 했다.
2. 용일이는 개구쟁이지만 꿈 이야기를 할 때는 돌심보가 된다. 나는 그 이유를 아는데 용일이는 하루에도 꿈이 열두 번씩 바뀌기 때문이다.
3. ______________________________

비슷한 말

돌심장

이름씨

알천

자신이 가진 것 중에서 가장 귀하고 값나가는 물건

부모님들은 자식들의 어린 시절 사진이나 물건들을 특히 소중히 보관하지요.
부모님들에게는 알천이니까요.
그럼, 내 친한 친구의 알천은 무엇일까요?

보기

1. 선생님이 자기의 알천 1호를 그리라고 했다. 나는 친구와 떠들다가 선생님 말씀을 못 듣고 엉뚱하게 커다란 타조알을 그려 교실을 웃음바다로 만들었다.
2. 흥부네는 너무 가난해서 자식 말고는 알천이라고 할 것이 하나도 없었다.
3. ______________________________

더 알아보기

허섭스레기: 좋은 것을 고르고 난 뒤에 남은 허름한 물건

11월

1

움직씨

농트다

스스럼없는 사이가 되어 서로 장난을 주고 받다

누구나 처음 만나 사람과는 조심스레 말하고 예의를 차립니다.
그러다가 친해지면 우스운 이야기도 마음껏 나누지요.
이렇게 농트고 지내는 친구가 있으면 마음이 참 든든하지요.

보기

1 아빠는 엄마를 처음 만난 지 일주일도 안 되어서 서로 농틀 정도로 친해졌대요. 엄마의 성격이 매우 활달하시거든요.

2 내 친구 채원이는 자기보다 학년이 높은 언니 오빠들과 쉽게 농트며 친하게 지낸다. 나는 그 비결이 궁금하다.

3 ______________________________

반대말

스스럽다: 서로 사귀는 정분이 두텁지 않아 조심스럽다

물오름달

꽁꽁 얼었던 물이 풀리며 나무와 풀들이 잠에서 깨어나는 달

마름달

가을에서 겨울로 달려가는 달

3월

1

움직씨

벼르다

어떤 일을 이루려고 마음을 단단히 먹고 기회를 엿보다

오늘은 삼일절. 1919년 3월 1일, 우리 민족이 일본의 식민통치에 대항하여 독립선언서를 발표하며 독립 의사를 세계에 알린 날이지요. 독립운동을 하려고 많은 사람이 벼르고 준비했지요.

보기

1. 성갑이는 개학을 하면 더 열심히 공부하려고 단단히 벼르며 방 청소를 했다.
2. 박자혜의 도움을 받은 나석주는 일제의 심장인 동양 척식 주식회사와 조선 식산 은행에 폭탄을 던졌다. 오랫동안 벼르던 일이었다.
3. ______________________________

비슷한 말

마음먹다 | 노리다 | 엿보다

10월

31

이름씨

고수련

앓는 사람을 도와줌

우리말 일력을 읽는 학생이라면 10월 한 달 동안 멋진 시간을 보냈을 거예요.
그런데 몸이 아픈 어린이도 있었을 거예요.
아플 때 가족의 고수련은 가장 큰 힘이 되지요.

보기

1. 정욱이 큰형은 요리사가 되고 싶어 열심히 공부하다가 몸살이 났다. 정욱이는 엄마 아빠와 함께 형을 위해 열심히 고수련을 했다.
2. 지난주 감기에 걸려 결석한 날, 엄마는 온종일 나를 고수련해 주셨다. 그때 엄마는 허리가 아픈데도 나를 위해 참고 고수련하신 것이다. 엄마, 고마워요.
3. ______________________________

비슷한 말

병간호 | 간병 | 병시중

3월

2

이름씨

가리사니

사물의 좋고 나쁨, 일의 옳고 그름을 판단하는 능력

'둘 가운데 더 나은 것을 골라내다'라는 뜻이 있는
'가리다, 가려내다'에서 나온 말이 '가리사니'입니다.
어떤 문제가 있을 때 더 좋은 방법으로 해결할 줄 아는 힘을 말하기도 하지요.

보기

1. 용식이는 갈림길에서 어느 곳으로 가야 할지 가리사니가 잘 서지 않았다.
2. 예현이랑 화해하려고 했다가 오히려 더 싸우고 말았다. 나는 어떤 방법으로 해야 할지 가리사니를 잡지 못했다.
3. ______________________________

비슷한 말

분별력 | 판단력

10월

30

움직씨

되숭대숭하다

무슨 말인지 알 수 없이 지껄이다

자신감이 넘치는 사람은 또박또박 자기 의견을 잘 말해요.
자기 생각에 확신이 없으면 말을 잘못하고 되숭대숭하지요.
그래서 말은 곧 그 사람이라고 합니다.

보기

1. 영서는 다른 아이들이 발표할 때는 계속 흉보고 키득키득 웃었다. 그러나 막상 자기 순서가 되자 처음부터 끝까지 되숭대숭했다.
2. 나는 예습한 날에는 큰 소리로 대답하지만, 대충 한 날은 되숭대숭한다.
3. ______________________________

비슷한 말

횡설수설 | 종작없이

3월

3

어찌씨

다붓다붓

여럿이 다 매우 가깝게 붙어 있는 모양

아직 날씨가 쌀쌀하지만, 작은 풀들이 다붓다붓 피어나고 있어요.
서로 꼭 안고 추위를 이겨 내는 것 같아 대견해 보여요.
놀이터에 다붓다붓 노는 아이들도 행복해 보여요.

보기

1. 오늘 엄마를 따라 유기견 보호소에 갔다. 바구니 안에 내 팔뚝보다 작은 강아지들이 다붓다붓 모여 낑낑거리는 모습에 눈물이 났다.
2. 태권도는 개인 기술이기도 하지만 다붓다붓 함께하는 협동 운동이기도 하다.
3. ______________________________

비슷한 말

옹기종기 | 웅기중기

10월

29

이름씨

뚝기

묵묵히 참고 굳게 버티어 내는 기운

시험이 낼모레인데도 친구들과 놀고 싶을 때가 있지요?
이 유혹을 뿌리치고 집에 가면 아쉬운 마음이 들다가도
뚝기 있게 공부해서 결과가 좋으면 잘했다고 생각되지요.

보기

1. 삼촌은 군대에서 훈련할 때 엄청 힘들었대요. 그러나 뚝기로 잘 마치고 오늘 건강하게 제대하고 집으로 돌아왔어요.
2. 독립운동가들은 일본 순사들에게 고문을 받을 때 뚝기로 이겨 내어 다른 독립운동가들의 정보를 알려 주지 않았다.
3. ______________________________

비슷한 말

뱃심 | 배짱

3월

4

그림씨

듬쑥하다

사람의 됨됨이가 가볍지 않고 속이 깊다

"겉보기와 달리 생각은 참 듬쑥해요."
성격이나 말과 행동이 본받을 만큼 좋다는 표현이에요.
옷을 입었을 때 조금 큰 듯하면서 꼭 맞을 때나
분량이 넉넉할 때도 듬쑥하다고 합니다.

보기

1. 우리 아파트에서 일하시는 경비 아저씨들은 정말 듬쑥하다고 어른들의 칭찬이 끊이지 않는다.
2. 현희는 이제 한 학년 올라갔으니 장난을 그만하고 듬쑥한 학생이 되기로 마음먹었다.
3. ______________________________

비슷한 말

듬직하다 | 옹골지다 | 묵직하다

10월

28

이름씨

서릿가을

서리가 내리는 늦가을

서리는 기온이 어는점 이하로 내려갈 때,
공기 중의 수증기가 땅 표면에 하얗게 얼어붙은 가루 모양의 얼음이에요.
서릿가을은 이 서리가 내리기 시작하는 늦은 가을로,
주로 음력 9월을 이릅니다.

보기

1. 아빠는 시골에서 농사를 짓는 외할아버지댁에 내려갔다. 갑자기 날씨가 추워져서, 서릿가을이 오기 전에 보일러를 점검하기 위해서였다.
2. 사진작가가 꿈인 정범이는 서릿가을 아침을 촬영하려고 요즘 갓밝이에 일어난다. 그런데 장갑을 끼어도 손이 시리다고 한다.
3. ______________________________

더 알아보기

서릿바람: 서리가 내린 아침에 부는 쌀쌀한 바람
서릿점: 서리가 생길 때의 온도

이름씨

본치

겉으로 드러난 외모나 행동하는 모습

사람들은 외모에 관심이 많아서 외모 가꾸기에 돈과 시간을 쏟지요.
'본치보다 예쁜 마음이 더 중요해!'
이 말에 과연 몇 사람이 "맞아요!"라고 할까요?

보기

1. 어느 식당 종업원이 거지를 도와주었는데 알고 보니 억만장자였다. 일부러 구지레하게 꾸미고 사람들 반응을 실험한 것이다. 이 뉴스를 듣고 아빠는 사람을 본치만 보고 판단해서는 안 된다고 하셨다.
2. "본치는 멀쩡한데 예의가 없네, 그 사람." 엄마가 아빠에게 말했다.
3. ______________________________

반대말

안셈: 마음속으로 하는 생각
속뜻: 마음속에 품고 있는 깊은 뜻

10월

27

이름씨

막치

되는대로 마구 만들어서 질이 낮은 물건

우리나라도 선진국이 되기 전에는 막치가 많았어요.
기술도 좋은 재료도 부족했거든요. 그때는 외국 제품을 갖고 싶어 했지만,
지금은 대한민국 제품이 세계 사람들을 사로잡고 있지요.

보기

1. 값싼 막치를 살 것인가, 아니면 돈을 더 주고 좋은 제품을 살 것인가? 정답은 없다. 사람마다 필요에 따라 선택할 수 있다.
2. 해외여행을 다녀온 이모가 비싼 가방이라고 자랑했다. 그런데 며칠 뒤 이모가 위조품 막치 가방이라고 화를 냈다.
3. ______________________________

더 알아보기

가재기: 튼튼하게 만들지 못한 물건

3월

6

움직씨

한통치다

나누지 않고 하나로(한곳에) 합치다

지금 책상 서랍을 열어 보세요.
여러 가지 물건이 마구 섞여 있다면 천천히 한통쳐서
깨끗하게 정리하면 공부도 더 잘될 거예요.
잃어버린 줄 알았던 물건을 찾을지도 모르지요.

보기

1 엄마는 냉장고 청소를 하면서 음식 재료들을 한통쳤다. 그래서 냉장고 안이 더 넓어졌다.

2 우리 가족은 대청소를 하면서 아무렇게나 꽂아 둔 책을 종류별로 한통쳤다. "와, 도서관 같아요!" 작가를 꿈꾸는 동생이 제일 좋아했다.

3 ______________________________

비슷한 말

합치다 | 합하다 | 모으다

그림씨

몬존하다

성질이 차분하다

급할수록 돌아가라는 말은 급한 일일수록 차근차근해 나가는 것이 낫다는 뜻이에요.
몬존하면 실수를 덜 할 수 있다는 말이지요.
'얼굴이나 모습이 초라하다'라는 뜻도 있으니까, 때에 맞게 잘 사용해 보아요.

보기

1. 아빠는 엄마의 몬존하고 겸손한 성격에 반해서 결혼했다고 한다. 나는 아빠의 말에 동의한다.
2. 채원이는 시험 볼 때 아주 몬존하게 문제를 푼다. 그러나 시험이 끝나면 우리 반에서 최고의 개구쟁이가 된다.
3. ______________________________

더 알아보기

음전하다: 말이나 행동이 곱고 아름답다

움직씨

보깨다

먹은 것이 소화가 잘 안 되어 속이 거북하게 느껴지다

누구나 한 번쯤은 배 속이 보깨어 혼난 적이 있지요.
너무 많이 먹거나 급하게 먹었을 때 보깨지요.
여러 일로 마음이나 생각이 복잡하고 불편할 때도 보깬다고 표현합니다.

보기

1. 나는 학원에 갈 시간이 다 됐지만, 피자가 너무 먹고 싶어서 허겁지겁 먹었다. 결국 저녁 내내 속이 보깨어 혼이 났다.
2. 우리 강아지는 슈퍼 강아지 같다. 아무리 많이 먹어도 보깨 운 적이 없다.
3. ______________________________

비슷한 말

얹히다 | 체하다 | 뒤보깨다

10월

25

이름씨

민주고주

지긋지긋하도록 귀찮은 일

민주고주는 오래 해서 싫증이 난 일을 말합니다.
어떤 분야에서 뛰어난 사람들은 자기가 하는 일이
민주고주로 여겨지는 위기를 넘기고 노력한 덕분이지요.
여러분의 민주고주는 무엇인가요?

보기

1. 3년째 아르바이트 일을 하면서 취업 준비를 하는 사촌 형은 "이 민주고주를 그만하고 싶다"라며 중얼거렸어요.
2. 범래는 공부가 민주고주라며 심통을 부렸다. 엄마가 "아빠는 회사에 20년째 다니시는데?" 라고 하자, "제 말 취소할게요!"라며 멋쩍게 웃었다.
3. ______________________________

더 알아보기

진저리: 몹시 싫증이 나거나 귀찮아 떠는 몸짓
몸서리: 몹시 싫거나 무서워서 몸이 떨리는 일

3월

8

이름씨

윤똑똑이

자기 혼자만 잘나고 영악한 체하는 사람을 낮잡아 이르는 말

윤똑똑이에서 '윤'은 음력의 '윤달'로, 윤달은 음력의 오차를 해결하려고 가짜로 만들어 놓은 달이지요.
그래서 '윤똑똑이'는 똑똑해 보이지만 사실은 잘못 판단하고, 바르지 않게 결정하는 사람을 말합니다.

보기

1. 엄마는 솔직한 성격이라 윤똑똑이 같은 성격을 싫어한다.
2. 오빠는 모임에서 식사비를 내는 순서가 되어 값싼 식당을 검색했는데 엉뚱하게 비싼 식당으로 가는 바람에 돈을 다 썼다고 한다. "휴우, 내가 윤똑똑이야!"
3. ____________________

비슷한 말

헛똑똑이 | 어림잼이 | 도장왈짜

10월

24

이름씨

부라퀴

몹시 야물고 다부진 사람

어른들은 누군가 완벽하게 일을 잘하면 야무지고 암팡진 사람이라고 해요.
이런 사람이 '부라퀴'입니다.
자기에게 이로운 일이면 기를 쓰고 덤비는 사람도 부라퀴라고 해요.

보기

1. 연경이는 소문난 부라퀴다. '그 일은 연경이가 했어요'라고 말하면 누구나 '그럼 됐어요' 라며 안심한다.
2. 학교에서 다 같이 청소할 때는 나 몰라라 하던 동훈이는 성적에 관계되는 일이라면 부라퀴가 되어 적극적으로 나선다.
3. ______________________________

더 알아보기

다부지다: 벅찬 일을 견디어 낼 만큼 굳세고 야무지다

3월

9

이름씨

결찌

어찌어찌하여 연분이 닿는 먼 친척

결찌는 촌수가 먼 친척이지요.
요즘은 엄마와 아빠, 자녀 이렇게 사는 집이 많은 데다가
일하랴 공부하랴 바빠서 친척을 만날 일이 별로 없어요.

보기

1. 엄마 회사에서 새 여자 직원을 뽑았는데 알고 보니 엄마의 결찌였다. 엄마는 그 결찌를 우리 집에 초대했다.
2. 결찌보다 이웃사촌이 더 가깝다.
3. ______________________________

비슷한 말

곁붙이 | 일가붙이 | 겨레붙이

움직씨

붙좇다

존경하는 마음으로 따르다

우리가 붙좇는 사람은 대부분 부모님이거나
본보기가 되는 어른들이지요.
내가 붙좇는 사람이 누구인지에 따라 나의 미래도 바뀔 수 있습니다.

보기

1. 가수가 되고 싶은 찬민이는 유명 가수들을 붙좇으려고 공부도 연습도 많이 한다. 지난달 부터는 기타와 피아노를 배우기 시작했다.
2. 조선 후기에 일본을 붙좇는 사람들은 친일파의 길을 걸었다. 이들은 돈을 벌어 재산은 늘렸으나 명예는 얻지 못했다.
3. ______________________________

같은 말

받들다 | 공경하다 | 섬기다

이름씨

집알이

새로 집을 지었거나 이사한 집에 집도 구경하고 인사로 찾아보는 일

'집알이'를 해 본 적 있나요? "엄마 아빠 따라서 집들이 간 적이 있어요"라고 말하는 친구도 있을 거예요. 그런데 이사한 집에 찾아가는 손님 쪽에서는 '집알이 간다'라고 해야 바른 표현이에요.

보기

1. 고모가 새 아파트로 이사해서 우리 가족 모두 고모 집에 집알이를 다녀왔다.
2. 엄마에게 "왜 집들이가 아니라 집알이라고 해요?"라고 물었다. "이사해서 새로운 집으로 들어가는 것을 집들이하고 하지. 새집을 찾아가는 사람 쪽에서는 집알이라고 하는 거야." 역시 우리 엄마는 척척박사님이다.
3. ______________________________

더 알아보기

들턱: 이사를 하고 내는 턱(음식 대접)

이름씨

붕어사탕

붕어 모양으로 만든, 속이 텅 빈 과자

붕어사탕은 곡식 가루로 만드는데 속이 텅 비어 있지요.
'붕어과자'라고도 하는데, 다른 뜻도 있어요.
지혜나 지식이 없거나 실천력 없이 말만 그럴듯하게 하는 사람을 비유할 때도 붕어사탕이라고 해요.

보기

1. 유튜브에는 전문가나 박사라는 사람들이 많이 나온다. 붕어사탕 같은 사람들이 많아서 늘 조심해야 한다고 선생님이 말씀하셨다.
2. 엄마는 "사람을 외모로 판단하면 안 돼. 붕어사탕인지 속이 꽉 찬 사람인지 잘 살펴봐야 해"라고 자주 말하신다.
3. ______________________________

속담

속 빈 강정: 겉만 그럴듯하고 실속이 없음을 이르는 말

3월 11

이름씨

난든집

같은 일을 오랫동안 해서 손에 익은 재주

여러분은 오랫동안 연습해서 익힌 난든집이 있나요?
한쪽 발로 오래 서 있기, 하모니카 불기, 뒤로 줄넘기하기,
물병 던져서 세우기 등도 난든집이랍니다.

보기

1. 텔레비전을 보면 생수통을 휙휙 던져서 높이 쌓아 올리는 아저씨, 세탁한 수건을 쉴 새 없이 똑바로 접는 아주머니 등 난든집을 가진 분들이 많다.
2. 우리 강아지는 틈만 나면 훈련을 시켜서 난든집이 몇 개 생겼다. "돌아!" 하면 빙그르르 돈다. "닫아!" 하면 방문을 앞발로 툭 쳐서 닫는다.
3. ____________________

비슷한 표현

숙련된 솜씨 | 갈고닦은 재능

10월

21

움직씨

되술래잡다

잘못을 빌어야 할 사람이 도리어 남을 나무라다

'되술래잡다'는 범인이 오히려 순라군에게 큰소리친다는 어처구니없는 말이지요.
'순라군'은 지금의 경찰 같은 사람들이지요.
오늘은 '경찰의 날',
우리를 안전하게 지켜 주는 분들에게 고마운 마음을 전해 보아요.

보기

1. 끼어들기를 하다가 사고 낸 사람이 오히려 소리 지르며 사고 당한 운전자를 되술래잡았다. 경찰들이 출동하자 그제야 그는 자기 잘못을 인정했다.
2. 연이는 편을 나누어서 시합을 하다가 지면 "네 탓이야!" 하며 자기편을 되술래잡는 버릇이 있어서 아이들이 싫어한다.
3. ______________________________

더 알아보기

순라군: 조선 시대에 도둑이나 화재를 막기 위해 밤에 다니며 살피던 군졸

3월

12

이름씨

사춤

갈라지거나 벌어진 틈

건물이나 놀이기구에 사춤이 생기면 위험합니다.
곧바로 틈을 메워서 안전하게 즐길 수 있게 해야지요.
사춤은 마음에도 생길 수 있어요.
친구와 다투어서 생긴 마음의 사춤은 얼른 메워야지요.

보기

1. 큰비가 오면 담이나 다리가 부서졌다는 뉴스가 자주 들립니다. 지난여름 장마에 우리 동네 빵 가게 벽에도 큰 사춤이 생겨 공사를 했습니다.
2. 친구가 장난을 치다가 내 핸드폰을 떨어뜨렸다. 친구가 미안하다며 핸드폰을 잘 닦아 주어서 내 마음에 사춤이 생기지 않았다.
3. ______________________________

더 알아보기

사춤(을) 치다: 담이나 벽 따위의 갈라진 틈을 진흙으로 메우다

10월

20

이름씨

빠꿈벼슬

뇌물로 사서 얻은 벼슬

뇌물은 자기 이익을 위해 남들 모르게 건네는 올바르지 않은 돈이나 선물이고,
벼슬은 나랏일을 맡아 다스리는 자리입니다.
조선 시대 후기에는 뇌물을 주고 얻은 빠꿈벼슬이 많았대요.

보기

1. 조선 시대 때 돈이나 곡식을 주고 빠꿈벼슬을 한 사람들이 있었다고 한다. 이런 사람들이 많은 게 조선이 망한 이유 가운데 하나라고 생각한다.
2. "부패한 나라는 빠꿈벼슬아치가 많아 국민이 큰 피해를 입어요." 선생님이 알려 주었지요.
3. ______________________________

더 알아보기

벼락감투: 아무런 자격도 없는 사람이 갑작스레 얻은 벼슬을 놀림조로 이르는 말

3월

13

이름씨

텡쇠

겉으로는 튼튼해 보이지만 속은 허약한 사람을 낮잡아 이르는 말

또래보다 키 크고 살도 퉁퉁해서 힘이 셀 것 같은데 텡쇠 같은 친구들이 있어요. 골리앗이 생각나네요. 골리앗은 키가 3미터나 되는 거인이라는데 소년 다윗의 물맷돌 하나에 쓰러져요. 텡쇠였나 봐요.

보기

1. 우리 삼촌은 권투를 잘하는데 나와 팔씨름을 하면 늘 진다. 삼촌은 아무리 봐도 텡쇠 같다.
2. 전래 동화책 속에 나오는 호랑이들은 거의 텡쇠 호랑이다. 무시무시하게 덩치가 크고 눈빛도 무서운데 작은 동물들에 늘 골탕을 먹기 때문이다.
3. ______________________________

같은 말

텡보

10월

19

움직씨

베돌다

한데 어울리지 않고 동떨어져 행동하다

엄마한테 혼나거나 친구들과 다투면 마음이 상해서 베돌아 지내기도 합니다.
그러나 얼른 가족과 친구들에게 다가가세요.
그래야 마음이 편해지고 공부도 잘됩니다.

보기

1. 지연이는 반에서 베도는 훈식이를 위해 항상 '우리 함께하자. 네가 있으면 더 잘할 것 같아'라고 말했다. 훈식이가 조금씩 마음을 열자 지연이는 뿌듯했다.
2. 함께 어울려 하지 않고 따로 행동하는 사람을 '베돌이'라고 합니다. 우리는 이런 별명을 갖지 말아요.
3. ______________________________

더 알아보기

감돌이: 사소한 이익을 탐내어 덤벼드는 사람
악돌이: 악을 쓰며 모질게 덤비기 잘하는 사람

3월 14

이름씨

갈개발

종이 연 아래쪽 양 귀퉁이에 붙이는 종잇조각

연에 갈개발을 붙이면 잘 날아요.
갈개발이 균형을 잡아 주는 역할을 하거든요.
누가 잘 되게 도와주는 역할을 해도 갈개발이라고 해요.

보기

1 나는 형이 있는 친구들이 부럽다. 형 옆에 갈개발처럼 붙어 있으면 누가 와도 큰소리칠 수 있을 것 같다.

2 아빠가 갈개발 붙인 연과 붙이지 않은 연을 날렸다. 갈개발 붙인 연은 훨훨 하늘 높이 잘 나는데, 갈개발이 없는 연은 빙빙 돌며 높이 오르지 못했다.

3 ______________________________

더 알아보기

방패 모양의 네모난 '방패연' | 위쪽은 희고 아랫부분은 빛깔이 다양한 '치마연'
가오리 모양으로 만들어 꼬리를 길게 단 '가오리연'

10월

18

이름씨

넌덕

크게 소리 내어 웃으며 재치 있게 말을 늘어놓는 일

우리는 기분이 좋을 때,
무언가 내가 원하는 대로 잘 되어 갈 때,
친구들과 즐겁게 놀 때 저절로 넌덕을 부리게 됩니다.

보기

1. 이번에 시험 성적이 오른 영식이는 집에 오자마자 넌덕을 부리며 말했다. "엄마 아들이 공부 잘하니까 기분 좋죠? 하하하!"
2. 아빠가 결혼기념일을 잊어버린 줄 알고 기분이 안 좋았던 엄마는 아빠의 선물과 사랑의 편지를 받자마자 넌덕스레 아빠 칭찬을 하셨다.
3. ____________________

비슷한 말

너스레 | 익살

3월

15

이름씨

강울음

눈물 없이 우는 울음 또는 억지로 우는 울음

사람은 눈물을 흘리며 울면서 태어납니다.
눈물을 흘리며 울면 마음에 뭉쳐 있는 여러 감정을 푸는 데 도움을 준다고도 해요.
그런데 눈물 없이 울 수도 있는데 그 울음을 강울음이라고 하지요.

보기

1 동생은 자기 마음에 안 들면 엉엉 운다. 열 번 울면 아홉 번은 강울음이다.

2 연예인이 음주 운전을 한 뒤 방송에서 사과했다. 그런데 강울음인데도 손수건으로 눈물 닦는 시늉을 했다. 왜 진심으로 잘못을 뉘우치지 않을까?

3 ____________________

더 알아보기

건성으로 우는 '건울음' | 마음에 없이 겉으로만 우는 '겉울음'
갓난아이가 태어날 때 처음으로 우는 '첫울음'

어찌씨

싱숭생숭

마음이 들떠서 어수선하고 갈팡질팡하는 모양

소풍 전날이나 생일 또는 어린이날을 앞두고 왠지 싱숭생숭 들뜹니다.
이럴 때 마음을 단단히 잘 지켜야 합니다.
마음은 눈에 보이지 않지만 나를 움직이는 큰 힘이 있거든요.

보기

1. 아빠가 새 핸드폰을 사 준다고 하자 미연이는 밤늦도록 싱숭생숭 뒤척였다. 그 바람에 핸드폰이 인형처럼 웃고 말하는 꿈까지 꿨다.
2. 내일 가을 소풍이라 싱숭생숭 들떠서 늦게 잤다. 아침에 일어나니 비가 내려 속상했는데, 곧 비가 그쳐 나도 모르게 '야호!' 소리쳤다.
3. ______________________________

비슷한 말

뒤숭숭

3월

16

그림씨

낫낫하다

매우 보드랍고 연한 모양

책상이나 망치를 만질 때의 느낌은 낫낫하지 않지만,
병아리나 아기의 뺨을 만지면 낫낫함을 느낍니다.
상냥하고 부드러운 성격도 낫낫하다고 하지요.

보기

1. 학교에서 보물 주머니를 만든다고 하자 엄마가 낫낫한 천을 챙겨 주었다.
2. 아빠가 회사에서 시 쓰기 대회에서 으뜸상을 받았다. 심사위원들이 '사람의 마음을 위로해 주는 낫낫한 글'이라고 칭찬했다고 한다.
3. ______________________________

비슷한 말

곰살궂다 | 곰살갑다

10월

16

이름씨

서울까투리

수줍음이 없고 숫기가 많은 사람을 비유로 이르는 말

꿩의 암컷(암꿩)을 '까투리', 수컷(수꿩)을 '장끼'라고 해요.
서울은 사람이 많이 살다 보니 눈치가 있고 빠르게 행동해야 한다는 뜻에서
서울 사람을 '서울까투리'라고 불렀다고도 합니다.

보기

1. "와, 정희가 이번에 장기 자랑 대회에서 1등 했다며?" "몰랐어? 정희가 서울까투리 같아서 노래도 잘하고 춤도 잘 추잖아."
2. 새로 전학 온 태준이가 우성이의 짝꿍이 되었다. 서울까투리 같은 우성이가 태준이에게 떡볶이도 사 주고 친하게 지내자 선생님이 칭찬해 주셨다.
3. ______________________________

더 알아보기

숫기: 활발하여 부끄러워하지 않는 기운
깍쟁이: 행동이나 말이 약삭빠른 사람

이름씨

자치동갑

한 살밖에 차이가 나지 않아 동갑이나 다름없는 나이 또는 그런 사람

'자치'는 '한 자쯤 되는 물건 또는 차이가 얼마 안 되는 것'을 뜻해요.
'동갑'은 같은 나이를 이르는 말이고요.
진정한 친구 사이는 한두 살 나이 차이로 흔들리지 않는답니다.

보기

1. 오늘 온 전학생은 나보다 한 살 많다. "아파서 쉬느라 일 년 늦게 입학했어." 나는 자치동갑 친구에게 잘해 주어야겠다고 생각했다.
2. 태권도장 관장님은 자원봉사 단체에서 만난 자치동갑 여자 친구와 곧 결혼한다.
3. ______________________________

비슷한 말

어깨동갑 | 띠동갑

10월

15

이름씨

삭신

몸의 근육과 뼈마디

오늘은 체육의 날!
그런데 어디선가 '아이고, 삭신이 쑤시네'라는 소리가 들리는 것 같아요.
혹시 엄마 아빠가 힘들어서 말씀하시는 건 아닌가요?
식구들과 함께 밖으로 나가 운동을 해 보아요.

보기

1 할머니는 날씨가 흐리면 무릎을 붙잡고 말씀하신다. "아이고, 비가 오려나. 삭신이 온통 쑤시는 게 영…." 그러면 신기하게도 비나 눈이 온다.

2 체육의 날은 체력에 관한 관심을 불러일으키고, 올림픽 정신도 널리 알리고자 만들어진 날이에요. 운동하면 삭신이 좋아하겠지요?

3 ______________________________

더 알아보기

몸바탕: 사람의 체질 | 몸씨: 몸의 맵시(몸매)
몸피: 몸통의 굵기

3월

18

이름씨

놀란흙

한 번 파서 건드린 흙

'흙이 놀라다니!' 예전 사람들은
호미, 괭이, 쟁기 등으로 흙을 파거나 갈아엎을 때
'평온하게 쉬거나 잠자는 흙이 놀라는 건 아닌가?'라는
미안한 마음이 있었나 봐요.

보기

1. 놀이터 한쪽에 누군가 장난으로 파 놓은 놀란흙 자리가 여기저기 있었다. 민호와 송이는 어린아이들을 위해 두 발로 놀란흙 자리를 단단히 메웠다.
2. 친구 집에 가던 연후와 하늘이는 발을 멈췄다. 길 안쪽 놀란흙 자리에서 수많은 개미가 바삐 움직이는 모습이 너무 신기해서 쪼그리고 앉아 관찰했다.
3. ______________________________

더 알아보기

자드락: 나지막한 산기슭의 비탈진 땅

10월

14

이름씨

으깍

서로 의견이 달라서 사이가 나빠짐

친구 사이에 으깍이 생기지 않는 것이 가장 좋지만,
내 마음과 달리 이런 일이 가끔 일어납니다.
이럴 때 먼저 손을 내밀며 말해 보아요.
"우리 서로의 생각을 잘 맞추어 보자."

보기

1. 명환이와 로운이와 현호는 소문난 삼총사이다. 그런데 로운이와 현호가 게임을 하다가 으깍이 나자 명환이가 두 친구를 화해시켜 주었다.
2. 아파트 단지 안에서 벼룩 시장을 여는 문제로 주민들이 으깍이 생겼다. 결국 투표를 해서 결정하기로 했다.
3. ____

더 알아보기

옴살: 매우 친밀하고 가까운 사이
짝패: 짝을 이룬 패

3월

19

그림씨

맛바르다

맛있게 먹던 음식이 이내 없어져 양에 차지 않는 감이 있다

떡볶이, 피자, 치킨 같은 음식을 좋아하나요?
동무들과 함께 맛있는 음식을 먹으면 늘 즐겁지요.
그런데 왜 먹다 보면 '마파람에 게 눈 감추듯' 사라지고 맛바를까요?

보기

1 형은 돼지갈비를 맛바르지 않게 실컷 먹는 게 소원이라고 한다.

2 친구 생일잔치에 너무 늦게 가는 바람에 음식이 거의 없었다. 맛바르게 먹었더니 배가 고파서 집에 오자마자 라면을 끓여 먹었다.

3 ______________________________

더 알아보기

맛보기: 맛만 보게 조금 내놓은 음식
안다미로: 그릇에 넘치도록 많이 담은 음식

10월

13

이름씨

쥐코조리

마음이 너그럽지 못한 사람을 비유로 하는 말

친구가 나에게 무언가 잘못했을 때
'괜찮아. 네가 일부러 그런 게 아니잖아'라고 말한다면
그 친구가 미안해하면서도 얼마나 고마워할까요!
쥐코조리가 아니라 이해심 많은 사람이 되도록 노력해 보아요!

보기

1. 나는 빵집 아저씨의 무섭게 생긴 얼굴만 보고 쥐코조리인 줄 알았다. 그러나 아저씨가 아이들을 위해 좋은 일을 많이 한다는 걸 알고 마음속으로 사과했다.
2. 민아는 자기가 좋아하는 태혁이가 지수와 짝꿍이 되자 갑자기 쥐코조리가 되어서 짜증을 부렸다.
3. ______________________________

더 알아보기

돈바르다: 성미가 너그럽지 못하고 까다롭다

이름씨

까대기

벽이나 담 따위에 임시로 덧붙여 만든 허술한 건조물

새들은 태어날 새끼들을 위해 높은 나뭇가지 사이에 집을 지으려고
쉴 새 없이 잔가지를 물어 옵니다.
까대기처럼 보이지만 새의 가족이 도란도란 살 수 있는
튼튼한 집을 짓는답니다.

보기

1. 시골 할머니 집 옆에는 작은 까대기가 있다. 그곳은 할머니의 보물창고이다.
2. 지하철 공사를 하는 아저씨들이 "오늘도 무사고 안전"이라고 쓰인 까대기를 드나드는 모습을 볼 때마다 나는 응원한다.
3. ______________________________

더 알아보기

짚이나 갈대 따위로 지붕을 인 '초가집' | 지붕을 기와로 인 '기와집'
너새로 지붕을 올린 '너와집(너새집)'

10월

12

그림씨

참척하다

한 가지 일에만 정신을 골똘하게 쏟아 다른 생각이 없다

중요한 일이나 시험공부 할 때는 참척하는 것이 좋지요.
그래야 친구가 놀자고 해도 마음이 흔들리지 않을 수 있습니다.
지금부터 참척하는 습관을 들이면 좋아요.

보기

1. 다산 정약용은 유배지에서 글을 엄청나게 많이 썼다. 글을 쓰는 데 얼마나 참척하는지 몸이 상하는 줄도 모를 때도 있었다고 한다.
2. 하온이는 공부할 때 참척하는 습관을 기르기 위해 핸드폰을 꺼 두었다. 아빠도 그때는 텔레비전을 끄고 책을 읽었다.
3. ______________________________

비슷한 말

몰두하다 | 열중하다

3월

21

이름씨

다스름

국악기를 연주하기 전에 음률을 고르게 맞추기 위하여 적당히 짧은 곡조를 연주하여 보는 일 또는 그런 악곡

'다스름'은 음악뿐 아니라 연극, 뮤지컬 등을 공연할 때
먼저 짧게 노래나 연기를 맞추어 보는 것을 말해요.
그리고 탬버린이 우리나라에 처음 들어왔을 때
사람들이 '방울북'이라고 불렀답니다.

보기

1. 우리 동네 구청 강당에서 국악 연주회가 있어서 엄마 아빠와 함께 갔다. 연습실에서 단원들이 다스름하는 모습도 볼 수 있었다.
2. 고모 친구가 가야금 연주회 전에 간단히 들려 준 다스름도 너무 좋았다.
3. ______________________________

비슷한 말

조음 | 치음

이름씨

찔통

몸이 아프거나 원하는 것을 가지지 못하여 자꾸 울거나 보챔

누구나 찔통 한 번쯤은 겪어 보았지요?
몸이 아프면 눈물이 나고 얼굴이 찡그려지지요.
친구들은 모두 유행되는 물건이 있는데 나만 없으면 속상해서
엄마 아빠에게 자꾸 찔통을 부리지요.

보기

1. 수지는 은하의 노란 원피스가 부러워서 엄마에게 사 달라고 졸랐다. 엄마가 조금 기다려 보라고 하자, 수지는 공부도 안 하고 찔통을 부렸다.
2. 힘이 센 나라는 약한 나라를 자꾸 공격한다. 갖고 싶은 것을 갖지 못해서 찔통 부리는 괴물 같다.
3. ______________________________

더 알아보기

조르다: 다른 사람에게 차지고 끈덕지게 무엇을 자꾸 요구하다
오복조르듯하다: 몹시 조르다

3월

22

어찌씨

진동한동

매우 바쁘거나 급해서 몹시 서두는 모양

아침에 늦게 일어나서 진동한동, 숙제를 마저 안 해서 진동한동,
친구와 약속한 시간에 늦어서 진동한동.
우리는 여러 일로 진동한동할 때가 많아요.

보기

1. "따르르르릉~." 나는 시계 알람 소리에 놀라 눈을 떴다. "앗, 놀이공원 가려고 친구들이랑 만나기로 했는데!" 나는 진동한동 나갈 준비를 했다.
2. 요즘 엄마는 할머니와 할아버지의 합동 팔순 잔치 때문에 진동한동 뛰어다닌다.
3. ______________________________

비슷한 말

허겁지겁 | 허둥지둥

움직씨

치살리다

지나치게 치켜세우다

예나 지금이나 독재자들 곁에는 무조건 그 독재자를 치살리는 부하들이 꼭 있지요.
칭찬은 고래도 춤추게 할 정도로 좋은 것이지만 과장되게 치살리면
그 결과가 좋지 않을 수 있답니다.

보기

1. 병준이는 게임에 푹 빠져서 모둠 발표 준비 모임에 참석하지 않았다. 그러다 발표일이 되자 친구들을 치살리며 헤헤 웃었다.
2. 신발 가게 아저씨가 "우주인도 신고 싶어 하는 운동화"라며 새 운동화를 치살리자 지나가던 사람들이 한바탕 크게 웃었다.
3. ______________________________

비슷한 말

알랑거리다 | 굽실거리다

3월

23

이름씨

맞은바라기

앞으로 마주 바라보이는 곳

봄이 되니 산이 우리를 부르는 것 같아요. "어서 산으로 오세요!
나무랑 풀들도 기다리고 있어요. 꽃들도 기지개를 켜고 있어요!"
아직 춥다고 산을 맞은바라기로 바라만 보지 말고
가족과 함께 길을 나서 보아요.

보기

1. 우리 집 길 건너 맞은바라기에 도서관이 있다. 그래서 자주 갈 수 있어서 좋다.
2. 나랑 다툰 친구가 창문에서 맞은바라기로 보이는 운동장 구석에 혼자 앉아 있었다. 나는 얼른 일어나 친구한테 걸어갔다.
3. ____________________

더 알아보기

먼산바라기: 먼 곳을 우두커니 바라보는 일 또는 그런 사람
해바라기: 추울 때 양지바른 곳에 나와 햇볕을 쬐는 일

10월

9

이름씨

퉁바리

퉁명스럽게 꾸짖음

내가 잘못했어도 누가 내게 퉁바리를 놓으면 이상하게 마음이 좋지 않습니다.
혹시 여러분은 누군가에게 퉁바리를 놓은 적은 없나요?
지금부터 우리 서로 퉁바리 놓지 말아요.

보기

1. 교복 치마가 짧다고 엄마한테 꾸지람을 들은 누나는 괜히 나에게 퉁바리를 놓았다.
2. 강아지가 내 양말을 물어뜯어서 퉁바리를 놨더니 자꾸 나를 슬금슬금 피했다. 미안한 마음이 들어 강아지를 안아 주었다.
3. ______________________________

비슷한 말

핀잔 | 퉁

3월

24

그림씨

포시럽다

살이 통통하게 오르고 포근하고 부드럽다

여러분의 백일이나 돌 사진을 자세히 보세요.
많이 아팠던 친구도 있고, 볼이랑 두 손과 두 발이 포시러운 친구도 있지요.
지금은 어떤가요? 포시러운가요?

보기

1. 엄마가 손에 크림을 바르며 말했어요. "나도 젊어서는 손이 포시러웠는데…." 누나와 나는 "엄마, 고마워요" 하며 엄마에게 뽀뽀를 해 드렸어요.
2. 늦둥이 내 동생은 양 볼이 얼마나 포시러운지 볼 때마다 찐빵 생각이 난다.
3. ______________________________

비슷한 말

몽실몽실하다 | 오동보동하다 | 보동보동하다

10월

8

이름씨

푸둥지

아직 깃이 나지 않은 어린 새의 날갯죽지

아직 날지 못할 정도로 어린 새나 병아리를 본 적이 있나요?
손만 대도 쓰러질 것같이 어려서 날개는 아직 푸둥지이지요.
그러나 시간이 지나면 하늘을 훨훨 날아다닐 수 있는
의젓한 날개가 된답니다.

보기

1. 봉주는 엄마랑 산책하다가 푸둥지에 상처가 난 어린 새를 발견했다. 엄마는 새를 손수건에 조심스레 감싸서 동물병원으로 데리고 갔다.
2. "아기 때 두 팔을 푸둥지처럼 움직이며 제대로 걷지 못했는데, 이제는 표범처럼 잘 뛰는구나!" 운동회 달리기에서 1등을 한 나를 보고 이모가 말했다.
3. ______________________________

더 알아보기

바람칼: 새가 날갯짓을 하지 않고 빠르게 날 때의 날개

3월

25

그림씨

더넘스럽다

쓰기에 힘들 정도로 큰 모양

모둠 발표 때 쓰려고 인터넷으로 필요한 것들을 주문했는데,
생각했던 것보다 너무 크면 사용하기 곤란하지요.
이럴 때 더넘스러워서 힘들다고 할 수 있지요.

보기

1. 아빠와 삼촌들이 우리 집의 도배를 시작했다. 곧 막내 삼촌이 투덜거렸다. "벽지가 더넘스러워서 풀칠하기가 힘들어요. 조금 작게 잘라 주세요."
2. 올해 초등학생이 된 동생이 책가방을 선물로 받았다. 그런데 책가방이 동생 몸집에 더넘스러워서 엄마가 작은 가방으로 바꾸러 갔다.
3. ______________________________

비슷한 말

버겁다 | 벅차다

10월

7

움직씨

터울거리다

어떤 일을 이루려고 몹시 애를 쓰다

공부나 일을 열심히 하지 않는 사람은 여러 이유가 있는데
그중 하나가 확실한 목표나 꿈이 없다는 것입니다.
목적이 뚜렷하면 그것을 이루기 위해 터울거립니다.
여러분은 무엇을 위해 터울거리나요?

보기

1. 수학 실력을 키우려고 순미는 마음을 다잡고 터울거리고 있다. 그 덕에 핸드폰에 쏟는 시간을 반으로 줄였다.
2. 뱃살을 줄이려고 저녁마다 터울거리는 아빠를 위해 엄마는 아빠와 함께 운동하러 가기도 한다.
3. ______________________________

비슷한 말

아득바득거리다 | 아등바등하다 | 애쓰다

3월

26

움직씨

조리차하다

알뜰하게 아껴 쓰다

여러분 주위에 가장 조리차하게 생활하는 어른은 부모님이실 겁니다.
부모님은 가족, 특히 사랑하는 자녀의 미래를 위해
조리차하게 살림을 하시지요.

보기

1 우리 반은 각자 한 달 동안 용돈을 조리차하여 모은 돈으로 나무 화분을 사기로 했다.

2 엄마는 살림을 조리차해서 새 옷을 거의 안 사고 나눔 가게에서 구입해서 입는다.
나는 어른이 되면 엄마에게 멋진 옷을 선물하고 싶다.

3 ______________________________

비슷한 말

살뜰하다 | 빈틈없다

10월

6

어찌씨

파니

하는 일 없이 노는 모양

시험을 앞둔 자녀가 소파에 누워 핸드폰만 들여다보면
엄마는 속이 타서 야단을 칩니다.
공부는 안 하고 파니 논다고요. 여러분도 인정하지요?
시험 끝나고 편하게 파니 쉬면 어떨까요?

보기

1. 형은 군대 가기 전에는 파니 빈둥거렸는데 제대한 뒤에는 우리 집에서 가장 부지런하다. 집의 궂은일을 알아서 다 한다고 엄마가 좋아하신다.
2. 공부 때문에 엄마한테 야단맞은 희영이는 강아지를 보며 부러워했다. '너는 만날 파니 놀아서 좋겠다.'
3. ________________________________

비슷한 말

빈둥빈둥 | 번둥번둥

3월

27

이름씨

고드름장아찌

말이나 행동이 싱거운 사람을 놀림조로 이르는 말

음식에 소금을 많이 넣으면 짜고, 고춧가루를 많이 넣으면 맵습니다.
음식처럼 사람의 말과 행동에도 '맛'이 있어요.
대체 무슨 말을 하는지 모르겠거나 알맹이 없는 말을 하면
'고드름장아찌 같은 사람'이라고 합니다.

보기

1 세탁소 아저씨는 썰렁한 농담을 잘해서 별명이 고드름장아찌이다.

2 "엄마, 정말 고드름장아찌가 있어요?" 내가 물었어요. "장아찌는 간장에 절인 짭짤한 반찬이잖아. 그런데 고드름을 간장에 절이면 간장만 싱거워지지. 그것처럼 싱겁고 실없는 말을 하는 사람에게 붙이는 별명일 뿐이야."

3 ____________________

더 알아보기

고드름똥: 고드름 모양으로 뾰족하게 눈 똥 또는 매운 추운 방
고드름 초장 같다: 겉보기에는 그럴듯하지만 실속이 없는 일을 이르는 말

10월

5

이름씨

푸접

남에게 너그럽고 따뜻이 대하는 성질

성격이나 마음은 크면서 몇 번 바뀐다고 합니다.
지금 여러분 성격도 다르게 바뀔 수 있지요. 사람은 참 이상해요.
나는 쌀쌀맞거나 무뚝뚝해도 푸접한 사람을 좋아하니까요.

보기

1. 수혁이는 푸접 있는 성격이라 친구가 많다. 나도 수혁이를 본받아 인사 잘하고 잘 웃는 습관을 키우고 있다.
2. 편의점에 새로 온 아르바이트 남학생의 푸접 때문에 손님이 늘고 있다. 한눈에 봐도 편의점이 북적댄다.
3. ______________________________

더 알아보기

푸접스럽다: 보기에 붙임성이 없이 쌀쌀한 데가 있다

그림씨

포실하다

살림이나 물건 따위가 넉넉하고 아늑한 모양

'포실하다'는 말은
'넉넉하다, 꽉 차 있다, 오붓하다' 등 담은 뜻이 많습니다.
'마음이 너그럽다' '눈이나 비, 연기, 안개, 빛 따위의 양이 많다'라는 뜻도 있지요.

보기

1. 흥부는 살림살이가 점점 포실해지자, 재산을 모두 잃은 형 놀부를 도와주었다.
2. 엄마는 틈만 나면 뜨개질로 장갑과 목도리를 만들어 장애아어린이집에 가져다주어요. 엄마의 뜨개 상자에는 언제나 사랑이 포실하게 담겨 있지요.
3. ______________________________

더 알아보기

포실포실하다: 눈이나 비가 가늘게 내리다 또는 나뭇잎이 자꾸 떨어지다

10월

4

그림씨

한올지다

한 가닥 실처럼 매우 가깝고 다정하다

한올진 사람이 많으면 어른도 어린이도 행복하지요.
'한'은 하나라는 뜻이고, '올'은 실이나 줄의 가닥을 뜻해요.
그러니까 '한 올'이면 엄청 가까운 사이이겠지요?

보기

1. 우리 아빠의 한올진 친구는 네 명이라서 모임 이름도 다섯 손가락이다. 다섯 손가락처럼 늘 함께 사이좋게 지내자는 뜻이다.
2. 성철이와 나는 한올진 사이였지만 내가 성철이 핸드폰을 망가뜨린 뒤로는 왠지 어색해져서 인사만 겨우 나눈다. 속상하다.
3. ______________________________

비슷한 말

끈끈하다 | 친하다

3월

29

이름씨

건잠머리

일을 시킬 때 대강의 방법을 일러 주고 필요한 도구를 챙겨 주는 일

누구나 처음 해 보는 일은 겁이 납니다.
'실수하면 어떡하지?'
이때 누군가 친절하게 건잠머리해 주면 눈물이 날 만큼 고맙죠.

보기

1. 아빠는 대학생 때 농촌활동 가서 모내기를 처음 해 보았다고 한다. 자꾸 실수하자 마을 청년들이 건잠머리해 주어서 잘할 수 있었다고 한다.
2. 나는 학교 도서실에서 아이들이 읽고 싶은 책을 찾아 주거나 어린 학생들에게 책 이야기를 설명해 주는 자원봉사를 한다. 나는 건잠머리 일이 즐겁다.
3. ______________________________

더 알아보기

일머리: 어떤 일의 내용, 방법, 절차 따위의 중요한 줄거리

10월

3

그림씨

지르퉁하다

못마땅하여 잔뜩 성이 나서 말없이 있는 모양

가끔 화가 나거나 억울하면 지르퉁할 때가 있어요.
아무리 친한 친구나 가족이라도 지르퉁한 표정을 하면 말 붙이기 힘들지요.
지르퉁할 때 내가 먼저 이야기해 보아요.

보기

1. 미정이는 강호의 한쪽 발을 밟고도 모른 척했다. 강호는 사과를 받고 싶었으나 말도 못하고 그저 지르퉁해 있었다.
2. 손님이 물건을 온통 뒤적이며 어지럽혀 놓고 그냥 갔다. 주인은 속상해서 지르퉁한 채 손님 뒷모습만 쳐다보았다.
3. ______________________________

비슷한 말

뾰로통하다 | 볼메다

이름씨

두매한짝

다섯 손가락을 이르는 말

젓가락 한 쌍을 '매', 젓가락 하나는 '짝'이라고 해요.
젓가락 '두 매'와 젓가락 '한 짝(한 개)'을 합치면 다섯이 되는 데서
'두매한짝'이 만들어졌어요.
손가락과 젓가락의 용도가 비슷해서 나온 말이지요.

보기

1. 인도에서는 두매한짝의 엄지는 공간, 검지는 공기, 가운뎃손가락은 불, 넷째 손가락은 물, 새끼손가락은 땅을 상징한다고 믿는다.
2. 현미경 보는 법을 배울 때 깜짝 놀랐다. 내 두매한짝에 세균이 득시글댔다. 두매한짝을 더 깨끗하게 씻어야겠다.
3. ______________________________

더 알아보기

손가락의 우리말 이름: 엄지손가락(첫손가락), 집게손가락,
가운뎃손가락, 넷째 손가락, 새끼손가락

10월

2

어찌씨

흘림흘림

돈이나 물건 따위를 조금씩 여러 번에 나누어 주거나 받는 모양

내가 좋아하는 것, 원하는 것을 누군가 흘림흘림 준다면 기분이 어떨까요?
썩 좋지는 않을 겁니다. '흘림흘림'에는
'조금씩 자꾸 사라지거나 없어지는 모양'이라는 뜻도 들어 있지요.

보기

1. 엄마는 한 달 용돈을 흘림흘림 준다. 내가 용돈을 단 며칠 만에 다 쓴 적이 여러 번 있기 때문이다.
2. 우리 강아지가 다리가 아파서 병원에 갔더니 살이 너무 쪄서 그렇단다. 오늘부터는 사료를 흘림흘림 주어야겠다.
3. ______________________________

같은 말

찔끔찔끔 | 잘금잘금

3월

31

이름씨

덧두리

정해 놓은 액수 외에 얼마만큼 더 보탬 또는 그렇게 하는 값

멋진 공연일수록 눈 깜짝할 사이에 입장권이 팔려서
사람들은 덧두리를 많이 주고 사기도 하죠.
그래서 덧두리에는 '헐값으로 사서
비싼 금액으로 팔 때 남는 돈'이라는 뜻도 있어요.

보기

1. 농촌 살리기 운동에 참여한 사람들은 일부러 덧두리를 내고 농산물을 샀다.
2. 효준이는 유명 만화 영화 주인공 스티커가 들어 있는 과자를 덧두리 주고 샀다. 동생이 갖고 싶어 하던 스티커였기 때문이다.
3. ______________________________

비슷한 말

웃돈 | 덧돈 | 보너스(상여금)

10월

1

움직씨

입치레하다

끼니를 때우다

'끼니'는 보통 아침·점심·저녁에 먹는 밥을 말하지요.
그런데 밥 대신 다른 음식을 먹는 것을 '입치레'라고 합니다.
'입치레'에는 '끼니 외에 과일이나 과자 따위의
군음식을 먹다'라는 뜻도 있답니다.

보기

1. 누나는 몸무게를 줄이려고 밥을 잘 먹지 않으면서도 남모르게 과자로 입치레한다. 아무래도 몸무게가 더 늘어날 것 같아 걱정이다.
2. 외할머니는 우리가 갈 때마다 맛있는 입치레할 것들을 맛있게 만들어 주신다. 친구들과 놀이공원에 가는 것만큼이나 외할머니댁에 가는 것이 즐겁다.
3. ______________________________

더 알아보기

군음식: 끼니 이외에 더 먹는 음식

잎새달

나무에 새로 초록 잎이 돋아나는 달

하늘연달

백두산에 아침의 나라가 열린 달

4월

1

이름씨

햇발

사방으로 뻗친 햇살

4월이 되어서인지 '햇살'이 더 따뜻해지고 밝게 빛납니다.
햇살과 달리 '햇발'은 따가운 뙤약볕을 떠올리게 합니다.
무엇 하나도 가리는 것 없이 찬란하게 빛나는 태양 빛이 햇발이지요.

보기

1 "햇발이 좋아서 빨래가 잘 마르네." 엄마가 빨래를 걷으며 말했다.

2 고양이가 햇발이 쏟아지는 마루에서 자고 있었다. 더울 것 같아서 내가 부채질을 해 주자, 고양이가 "야옹!" 하며 앞발로 부채를 탁 차 버렸다.

3 ______________________________

더 알아보기

'빗발, 눈발, 서릿발'처럼 이름씨 뒤에 붙는 '-발'은 '기세'나 '힘'의 뜻을 더하는 말

9월 30

이름씨

영바람

남에게 뽐낼 정도로 등등한 기세

언제 영바람이 나서 어깨가 으쓱하고 목소리도 커지나요?
자기의 꿈이 이루어졌을 때 가장 영바람이 나겠지요?
노력 없이 거저 얻으면 영바람도 없지요.
일력 열심히 읽고 영바람 한번 내 볼까요?

보기

1. 예지는 지난주에 어린이 요리대회에서 으뜸상을 받았다. 일주일이 지났는데도 영바람이 나서 자다가도 웃는다.
2. 우리 강아지는 아빠 차를 탈 때마다 영바람이 나서 잠시도 가만있지 않고 멍멍 짖으며 좋아한다.
3. ______________________________

더 알아보기

콧바람: 코에서 내보내는 바람 기운 또는 그 소리
헛바람: 허황된 일에 공연하게 들뜬 마음을 비유적으로 이르는 말

4월

2

이름씨

허방

땅바닥이 움푹 패어 빠지기 쉬운 구덩이

가끔 길에 땅꺼짐(싱크홀)이 생겼다는 뉴스가 나옵니다.
우리말로 '허방'이라고 하는 웅덩이는 싱크홀처럼 무서운 현상은 아니에요.
그래도 길을 걸을 때는 허방이 없는지 잘 보고 다니면 좋겠지요?

보기

1 비가 많이 내려 길이 잘 보이지 않았다. 물웅덩이를 피하다가 오히려 허방에 빠져 장화 안이 물바다가 되고 말았다.

2 수현이와 다현이는 집에 오는 내내 웃음이 끊이지 않았다. 수현이는 허방에 빠져 넘어져도 웃었다.

3 ______________________________

더 알아보기

허방다리(함정): 짐승 따위를 잡기 위하여 땅바닥에 구덩이를 파고 그 위에 약한 너스레를 쳐서 위장한 구덩이

9월

29

이름씨

염통

심장

오늘은 2000년에 세계심장연맹이 만든 '세계 심장의 날'입니다. 염통, 즉 심장에 관계된 병의 예방과 발병 원인 등에 대한 정보를 알리는 여러 활동들이 100여 개 나라에서 실시되고 있답니다.

보기

1. '염통에 바람 들다'라는 표현은 마음이 들떠서 행동을 제대로 하지 못하는 사람을 가리킬 때 쓴답니다.
2. 체면도 없이 아주 뻔뻔스럽게 행동하는 사람을 볼 때는 '염통에 털이 났다'라고 하고, 늘 남을 안 좋게 말하는 사람은 '염통이 비뚤어 앉아 있다'라고 합니다.
3. ______________________________

더 알아보기

폐: 허파, 부아

방광: 오줌통

4월

3

이름씨

불강아지

몸이 바싹 여윈 강아지

우리가 가장 많이 키우는 반려동물은 개와 고양이입니다.
불강아지처럼 불쌍한 강아지들, 학대받는 동물에 관한 뉴스를 들으면
특히 더 가슴 아파하는 사람이 많답니다.

보기

1 길모퉁이에 강아지가 쓰러져 있었다. “세상에! 불강아지네!” 엄마와 나는 강아지를 안고 동물보호소로 뛰어갔다.

2 아빠가 어릴 때 키우던 강아지가 갑자기 불강아지가 되어 놀랐는데, 구충약을 먹였더니 다시 튼튼해졌다고 한다.

3 ______________________________

더 알아보기

솜병아리: 알에서 깬 지 얼마 안 되는 병아리
동부레기: 뿔이 날 만한 나이의 송아지

움직씨

여투다

물건이나 돈을 아끼어 쓰고 나머지를 모아 두다

남모르게 여툰 용돈이 있나요? 돈을 아껴 쓰고 모을 때는 목적이 있어서이지요.
친구나 식구 생일 선물을 사거나, 내가 갖고 싶은 것이 있어서 돈을 모읍니다.
여툰 돈은 어디에 쓸 생각인가요?

보기

1. 지우는 엄마 아빠의 결혼 기념을 축하하는 선물을 사려고 두 달 전부터 용돈을 여투고 있다. 아직 돈이 조금 모자라지만.
2. 우리 가족은 북한 어린이 돕기 본부에 후원금을 보내려고 각자 여툰 돈을 모았다. 생각보다 동생의 여툰 돈이 많아 다들 놀랐다.
3. ______________________________

비슷한 말

모으다 | 저축하다 | 쟁이다

4월

4

이름씨

뿌다구니

물체의 삐쭉하게 내민 부분

물속에 있어서 보이지 않는 아랫부분은 어마어마하게 크지만,
겉으로 뾰족 드러난 부분은 작은 빙하들이 많아요.
이렇게 뾰족하게 툭 튀어나온 부분이 뿌다구니입니다.

보기

1 교실에서 급하게 뛰다가 책상 뿌다구니에 허벅지를 부딪쳤다. 너무 아파서 눈물이 찔끔 나왔다.

2 나와 산책하던 강아지가 마주 오는 강아지를 보자마자 달렸다. 나는 목줄을 놓지 않으려고 허둥대다 돌 뿌다구니에 걸려 넘어질 뻔했다.

3 ______________________________

같은 말

뿌다귀: '뿌다구니'의 준말

움직씨

시새우다

남보다 낫기 위하여 서로 다투다

어떤 일을 할 때 시새워서 해야 할까요?
게임? 친구 흉보기? 부모님 말씀에 대들기?
물론 이런 것들은 아니지요. 착한 일, 올바른 행동, 다정한 말 등은
얼마든지 시새워서 해야지요.

보기

1. 2학기가 되니까 윤빈이는 공부도 운동도 더 잘하려고 시새웠다.
2. '아름다운 경쟁'이라는 말이 있습니다. 경쟁은 승리자와 패배자가 있는데 어떻게 아름답게 시새울 수 있을까요? 정정당당한 경쟁이라면 가능하지요.
3. ____________________

비슷한 말

샘하다 | 시기하다 | 시샘하다

4월

5

이름씨

보득솔

키가 작고 가지가 많은 어린 소나무

식목일은 온 국민이 나무를 심자고 만든 날이에요.
사람들은 산이나 들로 가서 나무를 심습니다.
소나무, 상수리나무, 향나무, 전나무 등 나무 종류도 다양해요.
여러분이 심은 보득솔도 우람한 소나무로 자라겠지요?

보기

1 우리 반은 나무를 심으려고 학교 뒷산으로 갔다. "보득솔 같은 어린이들도 왔구나. 너희들처럼 나무들도 무럭무럭 잘 자랄 거야." 어른들이 참 기뻐했다.

2 산에서 키 작은 소나무들을 보고 왜 작은지 궁금했다. "송아지와 망아지가 소와 말이 되듯이 보득솔도 커서 큰 소나무가 될 거야!" 엄마는 말씀하셨다.

3 ______________________________

비슷한 말

진솔 | 애솔 | 보드기

9월

26

어찌씨

에멜무지로

단단하게 묶지 아니한 모양

'에멜무지로'는 얼른 들으면 외국말 같지만 예쁜 우리말입니다.
'결과를 바라지 않고, 헛일하는 셈 치고 시험 삼아 하는 모양'일 때도
에멜무지로라고 합니다.

보기

1. 이모가 직접 만든 과자를 한 꾸러미 들고 왔다. 맛있는 냄새가 거실에 가득 찼다. 그런데 앗, 에멜무지로 포장해서 과자가 바닥에 다 쏟아졌다.
2. 뮤지컬 입장권을 10명에게만 주는 이벤트가 있었다. 현기와 희진이는 에멜무지로 응모했는데 둘 다 당첨되었다. 두 아이는 너무 기뻐서 펄쩍펄쩍 뛰었다.
3. ____________________

반대말

친친: 든든하게 감거나 동여매는 모양

4월

6

어찌씨

지지지지

자꾸 수다스럽게 지껄이는 소리 또는 그 모양

참새와 비둘기, 강아지와 고양이, 돌고래와 바다표범
그리고 귀뚜라미와 여치처럼 동물 친구들은 모두 '지지지지' 소리를 냅니다.
쉬는 시간에는 교실에서 지지지지 소리가 끊이지 않지요.

보기

1. 나와 내 짝꿍 그리고 앞자리에 앉은 두 친구. 우리 사총사는 늘 지지지지 떠든다. 만날 만나도 할 말이 많다.
2. 나는 이모랑 빵집에 갔을 때 어른들이 얼마나 크게 지지지지하는지 귀가 먹먹했다. "이모, 어른들도 엄청 수다스럽네요." 내 말에 이모가 웃었다.
3. ______________________________

비슷한 말

왜장치다 | 재재재재

9월

25

이름씨

곡두

눈앞에 없는 것이 있는 것처럼 보이는 것

영화나 드라마에서 주인공이 곡두를 보는 장면이 나올 때가 있습니다.
사랑하는 사람을 오랫동안 만나지 못할 때, 무서움에 사로잡힐 때,
또는 몸이 너무 아프거나 힘들 때 곡두를 경험하기도 하지요.

보기

1. 아빠는 군대에 있을 때 엄마가 얼마나 보고 싶은지 엄마가 눈앞에 나타나 깜짝 놀랐다고 한다. 곡두인 줄 알면서도 진짜 같았다고 한다.
2. 사막이나 광야에서 오랫동안 물을 마시지 못한 사람들은 실제로는 없는 오아시스가 보이는 곡두 증세를 겪는다.
3. ______________________________

비슷한 말

헛것 | 허깨비 | 어둑서니

4월

7

이름씨

아침동자

아침에 밥을 짓는 일 또는 그 아침밥

'식사 일기'를 적어 보세요. 내가 무엇을 덜 먹어야 하고,
무엇을 챙겨 먹어야 하는지 알 수 있어요.
아침에는 일어나는 것도 힘들다고요?
그래도 아침동자를 먹으면 하루를 즐겁게 지낼 수 있답니다.

보기

1 엄마는 직장에 다녀서 날마다 아침동자를 하기 힘들다. 그래서 밥을 한 끼 먹을 만큼씩 얼렸다가 필요할 때 하나씩 꺼내서 데워 먹는다.

2 "나는 네 아빠 아침동자만큼은 빼놓지 않았단다. 그래서 네 아빠가 건강한 거야." 이를 들은 아빠는 "우리 엄마가 최고지!"라며 할머니를 안아 드렸다.

3 ______________________________

더 알아보기

소나기밥: 보통 때에는 얼마 먹지 않다가 갑자기 많이 먹는 밥
소금엣밥: 소금을 반찬으로 차린 밥, 곧 반찬이 변변하지 못한 밥

9월 24

이름씨

얼찬이

정신이 똑바로 박힌 사람

'정신이 똑바로 박혔다'는 무슨 뜻일까요?
정신이 나무도 아닌데 어떻게 어디에 박힐 수 있을까요?
그리고 우리는 어떻게 해야 얼찬이가 될 수 있을까요?

보기

1 루하는 공부할 시간과 노는 시간을 잘 가름한다. '우리 반의 얼찬이'라 부른다.
2 얼찬이는 바른 생각을 하고, 그 바른 생각을 마음에 뿌리 깊은 나무처럼 깊이 박아 실생활에서 모범을 보인다.
3 ______________________________

반대말

얼간이: 됨됨이가 변변하지 못하고 덜된 사람

4월

8

이름씨

눈자라기

아직 꼿꼿이 앉지 못하는 어린아이

"나는 몇 살 때부터 혼자 힘으로 앉았어요?"라고 부모님께 물어보세요.
아직 자기 힘으로 앉을 수 없을 만큼 어린아이를 '눈자라기'라고 합니다.
몸은 잘 자라는데, 마음은 아직도 눈자라기인 친구는 없겠지요?

보기

1. 친구 동생은 눈자라기라서 앉히면 자꾸 쓰러진다. 오뚝이가 떠올랐다. 오뚝이는 작아도 눈자라기는 아닌가?
2. 누나가 무슨 일이든 "엄마가 해 줘"라고 말하자, 엄마가 한마디 했다. "너도 이제 정신적으로 눈자라기에서 벗어나야지. 일단 네 힘으로 해 봐."
3. ______________________________

더 알아보기

등업이: 아직 걷지 못하여 등에 업혀 다니는 아이
옴포동이: 살이 올라 보드랍고 통통한 아이

9월

23

움직씨

얼러방치다

두 가지 이상의 일을 한꺼번에 하다

한 번에 여러 일을 하는 사람을 본 적이 있나요?
멀리서 찾지 마세요. 바로 '엄마'입니다.
엄마는 얼러방치는 사람의 본보기 같아요.

보기

1. 아빠는 "나는 얼러방치는 걸 못 해" 하며 틈만 나면 소파에 눕는다. 그런데 식사하면서 야구 중계는 잘 본다.
2. 민석이는 잘 얼러방친다. 수업 시간에 그림도 그리고, 초콜릿도 먹고, 선생님 몰래 춤도 춘다.
3. ______________________________

더 알아보기

얼러치다: 둘 이상의 것을 한꺼번에 때리다 또는 둘 이상의 물건값을 함께 셈하다

4월

9

움직씨

통돌다

모두의 의견이 하나가 되어 그렇게 하기로 서로에게 알려지다

많은 사람의 의견을 말이나, 글, 전화나
각종 누리소통망(SNS)으로 모을 때가 있어요.
그래서 하나로 뜻이 결정되면 다시 사람들에게 통돌게 하지요.

보기

1. 엄마 아빠는 외할머니 팔순 잔치 때문에 친척들과 시간, 장소 등에 대해 의견을 나누었어요. 어제 드디어 통돌아 한숨 돌렸다고 안심했어요.
2. 학교에서 어린이날을 앞두고 학생들이 바라는 행사를 하기 위해 선생님들이 모여 통돌았다. 그 결과가 궁금했다.
3. ______________________________

비슷한 말

만장일치

9월

22

이름씨

흙감태기

온통 흙을 뒤집어쓴 물건이나 사람

지금은 도로포장이 잘되어서 흙감태기가 될 일은 거의 없습니다.
그러나 예전에는 흙길과 흙바닥이 많아서
밖에서 놀다 보면 흙감태기가 되기도 했어요.

보기

1. 축구하는 아이들은 땀과 흙먼지로 흙감태기가 되었지만 모두 환하게 웃고 있었다. 나는 다리를 다쳐 같이 할 수 없어, 창문으로 쳐다보며 부러워했다.
2. 토요일에 공원에서 열린 꽃 축제에 갔다. 그런데 갑자기 바람이 거세게 불어, 꽃을 보러 온 사람들은 흙감태기가 되어 돌아갔다.
3. ______________________________

더 알아보기

더껑이: 걸쭉한 액체의 겉면에 굳거나 말라서 생긴 꺼풀

4월

10

이름씨

누에머리손톱

너비보다 세로 길이가 짧은 엄지손가락의 손톱

현재 지구 인구가 80억 명이 넘는데, 80억 명 모두 지문이 다르다고 해요.
정말 놀랍지요. 이 정도는 아니지만, 손톱 모양도 정말 다양하지요.
누에머리손톱을 가진 사람들은 얼마나 될까요?

보기

1 씨름 선수인 고모부는 운동을 많이 해서 누에머리손톱이 되었다고 한다. 나는 놀랐다. '와! 손톱 모양이 변할 정도로 열심히 운동하셨구나!'

2 누에머리손톱은 이상하게 생긴 손톱이 아니다. 그런데도 그 손톱을 싫어하는 사람이 있다면 "너무 귀여운 손톱이에요!"라고 말해 주고 싶다.

3 ______________________________

더 알아보기

손톱여물: 이로 손톱 끝을 잘근잘근 씹거나 물어뜯는 행동
손톱물: 손톱에 들인 물

9월

21

이름씨

매구

천 년 묵은 여우가 변하여 된다는 전설에서의 짐승

옛날 사람들은 그 눈빛이나 재빠른 동작,
숨어 사는 습성 때문에 여우를 신비롭게 여겼대요.
여우는 천년을 살고, 죽어서도 다른 동물,
즉 매구라는 짐승이 된다고 믿었지요.

보기

1 세상에서 제일 오래 사는 생물은 '히드라'다. 작지만 잡아먹히거나 병에 걸리지 않으면 영원히 살 수 있다. 마치 전설 속 매구처럼 말이다.

2 "동준아, 매구는 어떻게 생겼을까? 인터넷에서 찾아봐도 매구라는 짐승은 없어." 하경이가 말했다. "강에 사는 메기 동생이 매구 아니야? 헤헤헤."

3 ______________________________

더 알아보기

불개: 일식이나 월식 때 해나 달을 먹는다는 상상의 짐승
해태: 시비와 선악을 판단하여 안다고 하는 상상의 동물

이름씨

거통

의젓하고 당당한 생김새

‘거통’은 ‘당당한 생김새’라는 좋은 뜻인데, 지금은 ‘거들먹거리는 태도’나
‘지위는 높지만 실권이 없는 처지’를 뜻할 때 많이 쓰지요.
‘먹기만 하고 일하지 않는 사람’을 가리키기도 해요.

보기

1. 사회나 정치 지도자 중에 거통 같은 분이 있으면 안 됩니다.
2. 우리 반 회장과 부회장은 친구들이 모두 칭찬해요. 거통 행세하지 않고 우리 반을 위해서 열심히 일하거든요.
3. ______________________________

더 알아보기

야무지다: 성질이 빈틈없이 단단하고 굳세다
듬직하다: 사람됨이 믿음성 있게 묵직하다

이름씨

고섶

가장 손쉽게 찾을 수 있는 맨 앞쪽

'앞섶'은 옷의 앞자락에 대는 섶(헝겊으로 만든 것)을 말하지요.
'고섶'은 물건을 두는 곳이나 책상 서랍, 찬장과 냉장고, 그릇 등
손만 내밀면 찾을 수 있는 가까운 곳이지요.

보기

1. 형은 심술쟁이다. 자기가 찾는 물건이 고섶에 있어도 꼭 나를 부려 먹는다.
2. 친구들과 여행을 떠나는 엄마는 먹을 것을 주방 고섶에 놓고, 먹는 방법을 적은 쪽지를 냉장고에 붙여 놓았다.
3. ______________________________

더 알아보기

가녘: 둘레나 끝에 해당되는 부분

이름씨

띠앗

형제자매끼리 서로 사랑하고 위하는 마음

티격태격 다퉈도 늘 언니는 언니고 형은 형이지요. 동생도 마찬가지고요.
형제는 힘들거나 아프거나 기쁜 일이 생기면
띠앗으로 함께 울고 웃는 최고의 친구이지요.

보기

1. 엄마와 이모들의 띠앗이 좋아서인지 나와 이종사촌 형제들도 서로 친하다.
2. 우리 강아지는 여동생 하나와 남동생 둘이 있다. 모두 다른 집으로 갔는데, 다행히 같은 동네에 산다. 자주 만나는데, 신기하게도 띠앗이 참 좋다.
3. ______________________________

더 알아보기

외둥이: 외아들이나 외딸을 귀엽게 이르는 말
갈모 형제라: 아우가 형보다 나은 경우를 이르는 말

9월

19

그림씨

누꿈하다

전염병이나 해충이 심하게 퍼지다가 조금 가라앉다

전 세계 사람들이 모두 몇 년 동안 코로나바이러스로 힘든 시기를 지나왔지요.
다행히 코로나바이러스가 누꿈하여 다시 즐겁게 지내지만 늘 조심해야 해요.
친구들과 놀고 와서 손은 깨끗이 씻었지요?

보기

1. 주영이는 코로나가 누꿈하여 안전해진 뒤로도 손을 잘 씻는다. 작은 습관이 중요하다는 것을 배웠기 때문이다.
2. 할머니 감기가 일주일 동안 낫지 않아 식구들이 모두 걱정했는데, 어제부터 증세가 누꿈하다. 휴, 다행이다.
3. ______________________________

더 알아보기

너누룩하다: 심하던 병세가 잠시 가라앉다 또는 떠들썩하던 상황이 좀 수그러져 잠잠하다

4월

13

이름씨

흙주접

한 가지 농작물만 연이어 지어서 땅이 메마르는 현상

아무리 맛있는 반찬이라도 날마다 먹는 것은 싫지요?
흙도 사람처럼 입맛이 있는지 '흙주접'이나
'흙들이다(논밭의 땅심을 좋게 하려고 다른 곳의 좋은 흙을 섞어 넣다)'라는
말이 생겼어요.

보기

1 밭에 아무것도 심지 않아서 할아버지한테 그 이유를 물었다. "오랫동안 콩만 심었더니 흙주접이 들어서 내년에 다시 심으려고 한단다."

2 천문학자가 꿈이라 지현이는 천문학 책만 읽었다. 선생님은 한 가지 분야 책만 읽으면 흙주접처럼 지식이 메말라 버린다며 다른 분야의 책도 읽으라고 충고했다.

3 ____

더 알아보기

돌려짓기: 같은 땅에 여러 가지 농작물을 해마다 바꾸어 심는 일
늦사리: 같은 작물을 제철보다 늦게 수확하는 일 또는 그런 작물

9월

18

이름씨

자귀

짐승의 발자국

누구나 태어나서 처음으로 발자국을 뗀 경험을 기억할 수는 없지만,
영상 도구가 많아서 자신의 첫걸음 장면을 볼 수 있어요.
자귀는 사람이 아닌 동물들의 발자국을 말합니다.

보기

1. 사냥 경험이 많은 사냥꾼은 짐승의 자귀만 보아도 곰인지 늑대인지 구별한다.
2. 할아버지는 어릴 때 소 풀 먹이러 갔다가 소를 잃어버렸지만, 다행히 소의 자귀를 보고 다시 찾았다고 한다.
3. ______________________________

'자귀'의 또 다른 뜻

나무를 깎아 다듬는 연장의 하나

이름씨

정다심

어떤 일에 크게 혼이 나서 다시는 하지 않을 만큼 정신 차리게 됨

늦잠 자다가 또는 숙제도 잊은 채 게임을 하다가
정다심을 하기도 합니다.
그런데 정다심을 하고 나쁜 습관을 버린다면
유익한 경험이라 할 수 있지요.

보기

1. 누구보다 나를 사랑하는 외할머니에게 대들다가 엄마한테 혼났다. 그래도 정다심을 하지 못하다가 더 크게 혼나고서야 나쁜 버릇을 고쳤다.
2. 혼자 라면을 끓이다가 불이 날 뻔했다. 그 뒤 정다심을 하고 불이 완전히 꺼졌는지 몇 번을 확인한다.
3. ______________________________

비슷한 말

십년감수하다 | 혼나다

그림씨

나볏하다

몸가짐이나 행동이 반듯하고 의젓하다

"와, 우리 OO이가 이젠 나볏한 아이가 되었구나!"
이런 칭찬을 들은 적이 있나요?
한 살 더 먹고, 한 학년 올라갈수록 나도 모르게 나볏해지고 있지요?

보기

1. 작년까지만 해도 개구쟁이였던 승원이가 이제는 숙제도 잘하고 몸이 약한 친구도 잘 챙겨요. 얼마나 나볏한지 꾸러기라는 별명이 사라졌어요.
2. 동생이 태어난 뒤로 승겸이가 더 나볏한 것을 보고 엄마가 아빠에게 '오빠 노릇을 잘하려고 그런가 봐요'라고 말하며 흐뭇하게 웃었다.
3. ______________________________

비슷한 말

늠름하다 | 점잖다 | 듬직하다

이름씨

날찍

일한 결과로 생기는 이익

열심히 일하고 공부해서 칭찬뿐 아니라
선물이나 날찍을 받으면 보람을 느낍니다.
집안일을 돕고 나서 부모님 칭찬과 더불어
용돈도 받으면 기분이 좋아지지요.

보기

1. 담임 선생님께 우리가 "선생님, 은혜에 감사합니다!"라고 인사하자 사랑의 날찍을 받으셨다며 좋아하셨다. 좋은 말도 날찍이 된다는 것을 알았다.
2. 내가 쓰레기 분리 수거를 하면 엄마는 용돈 말고도 날찍을 준다.
3. ______________________________

비슷한 말

대가 | 소득 | 이익

9월

16

움직씨

울릉대다

자기 힘을 믿고 다른 사람을 위협하다

동물들은 강한 이빨, 날카로운 발톱, 단단한 뿔 따위로
자기보다 약한 상대를 공격합니다.
사람은 힘이 세거나 돈이 많다고 함부로 울릉대기도 합니다.
그런 사람은 결코 존경받을 수 없지요.

보기

1. 동현이는 노래도 잘하고 운동도 잘해요. 그런데 숙제는 해 오지 않을 때가 많아요. 가끔 아이들에게 숙제를 보여 달라고 울릉대지요.
2. "무조건 우리가 하라는 대로 해요!" 큰 회사 사장이 울릉대며 '갑질'을 했다. 작은 회사는 울며 겨자 먹기로 그 말을 들을 수밖에 없었다.
3. ______________________________

비슷한 말

으르다 | 윽박지르다 | 닦달질하다

4월

16

이름씨

보무라지

종이, 헝겊, 실 따위의 자잘한 잔부스러기

어린이들은 '공부, 세수, 청소'가 하기 싫지만, 꼭 해야 하는 일이라고 말합니다.
그중 청소 잘하는 비결을 알려 줄게요.
보무라지가 보일 때마다 얼른 치우면
힘들게 하는 큰 청소는 자주 하지 않아도 됩니다.

보기

1. 연경이랑 종익이는 거북선을 만드느라 가위질과 풀칠을 열심히 했다. 멋진 거북선을 만들고 보무라지도 깨끗이 치웠다.
2. 우리 반은 재활용품으로 만든 작품을 전시한 미술관에 갔다. 그중에서 종이와 천의 보무라지로 우주를 표현한 작품이 마음에 들었다.
3. ______________________________

비슷한 말

보물 | 보풀 | 보푸라기

9월

15

어찌씨

휘휘친친

여러 번 단단히 둘러 감거나 감기는 모양

줄이나 천 등으로 휘휘친친 감으며 논 적이 있나요?
친구들이 서로를 휘휘친친 감싸며 놀면 어른들이 참 좋아 보인다고 하지요.
'휘휘친친'이라는 말을 사용할 수 있는 때는 언제일까요?

보기

1. 엄마는 할머니 목도리를 만든다며 털실 뭉치를 풀었어요. 친구들과 나가 놀려고 하다가 엄마가 도와 달라고 해서, 나는 털실을 휘휘친친 감는 걸 도와주었지요.
2. 소윤이는 동생과 잘 놀아 준다. 오늘도 동생 팔과 다리에 두루마리 화장지를 붕대처럼 휘휘친친 감고 주사 놓는 시늉을 했다.
3. ______________________________

같은 말

회회찬찬

이름씨

머드러기

많이 있는 과일이나 생선 가운데 아주 굵거나 큰 것

사람은 무엇인가 하나를 골라야 할 때 '어떤 게 더 좋지?'
'어느 물건이 더 튼튼하지?' '이게 더 맛있을까?' 등을 생각합니다.
그러다가 내 눈에 제일 좋아 보이는 것, 즉 머드러기를 고릅니다.

보기

1. 엄마는 오이를 살 때도 하나하나 살펴보고 더미 속에서 머드러기만 고른다.
2. "와! 오늘 본 그림 중에서 가장 머드러기네! 정말 잘 그렸다." 담임 선생님은 내 그림을 보고 칭찬해 주셨다.
3. ______________________________

비슷한 말

군계일학

9월

14

이름씨

걸태질

아무 부끄러움 없이 재물 따위를 마구 모으는 일을 비유해서 이르는 말

가난한 나라들의 공통점 중 하나는 부정부패(사회가 도덕적으로 바르지 못하고 잘못된 길로 빠짐)입니다. 특히 경제 부패, 즉 돈 문제이지요. 돈 되는 일이라면 어떤 나쁜 일도 서슴없이 하는 걸태질이 심합니다.

보기

1. 조선 시대 양반들의 걸태질이 극심해서 백성들의 삶이 어려워지고, 가족이 뿔뿔이 흩어져 종노릇을 하기도 했다.
2. 걸태질로 부자가 된 청수네 큰아버지는 어려운 사람을 절대 도와주지 않아서 친구가 없다.
3. ______________________________

비슷한 말

갉다 | 갉아먹다 | 긁다

이름씨

찌

기억할 만한 것을 표하기 위하여 글을 써서 붙이는 좁은 종이쪽

요즘은 잊지 말아야 할 것은 핸드폰으로 사진 찍어서 보관하지만,
핸드폰으로 안 되는 것은 찌를 사용합니다.
찌는 문방구에서 사거나 내가 만들 수 있어요.
'낚시찌'와 같은 뜻으로도 쓰여요.

보기

1. 우리 집 냉장고 문에는 엄마가 붙여 놓은 찌가 많다. 세금 내는 날, 친척 생일, 사야 할 식료품 이름 등 찌마다 내용이 다르다.
2. 대학원에 다니는 삼촌의 책들에는 온통 찌가 붙어 있다.
3. ______________________________

더 알아보기

가름끈: 읽던 곳이나 특정한 곳을 표시하기 위하여 책갈피에 끼워 넣는 끈

9월

13

움직씨

껑더리되다

심하게 앓거나 큰 고통을 겪어서 몸이 마르고 기운이 없어지다

마음이나 몸의 병을 심하게 앓고 나면
껑더리되어서 공부나 운동을 하려고 해도 잘 안 되지요.
물론 몸이 다시 건강해지면 다시 힘차게 뛰어놀 수 있지요.

보기

1 종연이는 감기에 심하게 걸려 일주일 만에 학교에 갔습니다. "완전히 껑더리되었네. 이젠 괜찮아?" 친구들이 걱정하는 말에 종연이는 힘이 났지요.

2 지난주에 엄마가 맹장 수술을 받았다. 첫날에는 엄마가 껑더리되어 잘 웃지도 못했는데, 이제는 많이 좋아지셨다.

3 ______________________________

더 알아보기

껑더리되다: '껑더리되다'보다 센말

이름씨

홑벌사람

속이 깊지 못하고 소견이 얕은 사람을 낮잡아 이르는 말

온 식구가 뉴스에 나오는 사건을 함께 보더라도 저마다 생각이 다릅니다.
이처럼 어떤 문제가 생겼을 때 지혜롭게 판단하는 사람도 있고,
홑벌사람처럼 말하는 사람도 있지요.

보기

1. "안 돼, 저 사람은 홑벌사람이야. 당신이 속는 거야." 아빠가 드라마를 보며 중얼대자 엄마가 웃음을 터트렸다.
2. 두 아이가 다투자, 홑벌사람인 줄만 알았던 내 짝꿍이 말렸다. 나는 겉모습만 보고 판단했던 것을 반성했다.
3. ______________________________

같은 말

홑사람 | 좀생원

9월

12

이름씨

된비알

몹시 험한 비탈

등산하거나 여행하다가 된비알을 만난 적이 있나요?
된비알을 피해 가는 것이 첫 번째 안전 규칙입니다.
어쩔 수 없이 그곳을 통과해야 한다면 어른의 도움을 받아야 하지요.

보기

1. 둘레길에서 조금 떨어진 계곡 근처에 구급차 한 대가 도착했다. 한 아주머니가 된비알에서 사고를 당했다고 한다.
2. "난 요즘 된비알에 서 있는 것 같아. 손님이 너무 없어서 힘들어." 작지만 오래되어 단골도 많았던 식당의 사장님이 한숨을 내쉬었다.
3. ______________________________

비슷한 말

된비탈

어찌씨

꾀꾀로

가끔가끔 틈을 타서 살그머니

꾀꾀로 할 수 있는 일은? 엄마 몰래 꾀꾀로 핸드폰 게임 하기?
수업 시간에 선생님 몰래 꾀꾀로 친구랑 장난하기?
그런데 '꾀꾀로'는 나쁜 뜻만 있는 것은 아니에요.
좋은 일에도 사용하지요.

보기

1. 신분이 낮은 사람은 배울 기회조차 없던 때가 있었다. 그래도 정말 공부하고 싶은 하인이나 종은 주인 몰래 꾀꾀로 공부해서 시험을 치르고 관리가 되었다.
2. 나는 탄산음료를 좋아해서 엄마 몰래 꾀꾀로 사서 마신다.
3. ______________________________

더 알아보기

꾀꾀: 얼굴이 바싹 마른 모양
꾀꾀하다: 얼굴이 바싹 마르다

9월

11

이름씨

말림갓

나무나 풀 따위를 함부로 베지 못하게 단속하는 땅이나 산

자연환경을 보전하고 공해와 소음을 줄이기 위해
도시의 안쪽에 작은 숲을 만들지요. 그곳에는 건물을 짓지 않고,
그곳의 나무나 꽃 등은 함부로 베거나 꺾을 수 없어요.
이러한 곳을 '말림갓'이라고 합니다.

보기

1. 말림갓에는 '나무갓(나무를 못 베게 한 곳)'과 '풀갓(풀을 베지 못하도록 한 곳)'이 있어요. 말림갓은 도시의 허파라고 할 수 있지요.
2. 할머니 동네 뒤에는 말림갓이 있어요. 그곳에는 풀과 나무가 우거지고, 어디에서도 볼 수 없는 희귀한 동물과 식물들이 있다고 해요.
3. ______________________________

더 알아보기

말림하다: 산의 나무나 풀 따위를 함부로 베지 못하도록 단속하여 가꾸다

이름씨

떠돌이별

태양 둘레를 타원 궤도를 그리며 정해진 길로 움직이는 모든 천체

오늘은 과학의 날! 1968년에 4월 21일을 '과학의 날'로 정하였고,
1973년부터 공식적인 기념일이 되었습니다.
지구나 화성 같은 '행성'은 '떠돌이별'이며,
태양 같은 '항성'은 '붙박이별'이라고 하지요.

보기

1. 붙박이별은 자기 자리를 거의 바꾸지 않고 별자리를 구성하는 우주의 물체로 태양처럼 스스로 빛을 내며, 자기만의 운동을 하지요.
2. 떠돌이별은 스스로 빛을 내지 못하고 태양 둘레를 돌며 운행합니다. 수성, 금성, 지구, 화성, 목성, 토성, 천왕성, 해왕성이 대표적인 떠돌이별이에요.
3. ______________________________

더 알아보기

혜성: 꼬리별 | 유성: 별똥별 | 운석: 별똥돌

이름씨

끄레발

단정하지 못하고 어수선한 옷차림

비싼 물건이 아니어도 포장을 잘하면 그 물건이 소중해 보입니다.
강아지도 깨끗하게 털을 다듬어 주면 더 사랑스러워 보이지요.
사람도 끄레발보다는 단정하면 상대방에게 더 좋은 느낌을 주지요.

보기

1. 성구는 친구들과 축구하느라 옷도 갈아입지 못한 채 하솜이 생일 파티에 갔다. “어휴, 끄레발로 왔네! 친구니까 봐 줄게.” 하솜이가 웃으며 말했다.
2. 엄마는 회사에서 신입사원 면접 심사를 할 때 끄레발이 아니라 깨끗하고 단정한 사람에게 더 마음이 간다고 하신다.
3. ______________________________

더 알아보기

말쑥하다: 지저분함이 없이 말끔하고 깨끗하다

이름씨

잡힐손

무슨 일에든지 쓸모가 있는 재주와 솜씨

여러분의 '잡힐손'은 무엇인가요? 아직 모르겠다고요?
너무 실망하지 마세요. 지금부터 잡힐손을 키워 보는 것은 어떨까요?
내가 잘할 수 있고 좋아하는 것부터 먼저 찾아보아요.

보기

1. 아빠는 가전제품을 수리하는 잡힐손이 뛰어나다. 그래서 우리 집의 냉장고와 세탁기, 밥솥 등은 나보다 나이가 더 많다.
2. 정호는 핸드폰으로 재미있는 영상을 잘 만들어서 학교 대표로 어린이 창작 영상대회에 나간다. 정호의 잡힐손이 부럽다.
3. ______________________________

비슷한 말

특기 | 장기 | 재간 | 재능

9월

9

어찌씨

발밤발밤

한 걸음 한 걸음 천천히 걷는 모양

어린이들이 발밤발밤 길을 가는 경우는 거의 없어요.
어른들은 무엇인가 깊은 생각을 하거나
복잡한 마음을 정리하고 싶을 때 발밤발밤 걷지요.
엄마 아빠가 저녁에 발밤발밤 걷는 모습을 본 적이 있나요?

보기

1. "저녁 바람이 시원해졌는데 발밤발밤 산책이나 할까?" 저녁 설거지를 마친 아빠가 고무장갑을 벗으며 엄마에게 말했습니다.
2. 엄마에게 야단맞은 유민이는 강아지를 데리고 공원으로 나갔다. 공원에는 발밤발밤 걷는 사람들로 가득해서 다시 집으로 들어갔다.
3. ______________________________

더 알아보기

발맘발맘: 한 발씩 또는 한 걸음씩 거리를 가늠하며 걷는 모양

이름씨

우렁잇속

내용이 복잡해서 헤아리기 어려운 일을 이르는 말

우렁잇속은 '우렁이'의 '속'처럼
좁고 구불구불한 답답함을 뜻하는 우리말이에요.
생각을 그대로 털어놓지 않는 마음을 비유해서 말할 때도
'우렁잇속'이라고 하지요.

보기

1. 학교에서 모의재판을 열었다. 실제가 아닌데도 서로 우렁잇속 같은 말만 했다. 보는 사람들은 재미있었다고 한다.
2. 내가 잘못하지 않았는데도 누나가 화를 냈다. 누나가 화를 내는 이유를 말할수록 우렁잇속 같았다. 나는 그냥 알았다고 하고 돌아섰다.
3. ______________________________

더 알아보기

의뭉: 겉으로는 어리석어 보이나 속은 엉뚱한 욕심을 품음
미쁨: 믿음직하게 여기는 마음

9월

8

이름씨

간각

사물을 깨닫는 힘

어떤 일이 생겼을 때, 무언가 낯선 물건을 보았을 때,
친구와 다투게 될 때 등등 여러 상황 속에서
'왜 그럴까?' '이건 무엇을 의미하지?'라고 생각하며
좋은 방법을 찾아내는 힘을 간각이라 할 수 있어요.

보기

1. 글을 잘 써서 대상을 받은 연준이는 심사평에 만족하였다. "이 학생은 사물에 대한 간각이 깊고 크고, 과장하거나 꾸며 쓴 흔적이 보이지 않습니다."
2. 진희는 어릴 때부터 도서관을 제집 드나들 듯했다. 여러 분야의 책을 많이 읽은 덕에 진희는 간각이 생겨서 친구들이 척척박사라고 부른다.
3. ______________________________

비슷한 말

이해력

움직씨

일떠서다

머뭇거리지 않고 힘차게 일어서다

엄마가 "밥 먹자!" "어서 일어나야지" "심부름 좀 해 줄래?"라고 말할 때
여러분은 어떻게 반응하나요?
못 들은 척하거나, 갖은 핑계를 대면서 꼼지락거리나요?
이제부터는 일떠서는 멋진 습관을 들여 보세요.

보기

1. "이 문제는 누가 설명해 볼래요?" 선생님 말씀에, "제가 할게요!"라고 큰 소리로 대답하며 일떠섰어요. 예습을 꼼꼼히 해서 자신 있었거든요.
2. 누나는 게으름 끝판왕이다. 그러나 남자친구의 연락이 오면 자다가도 일떠선다.
3. ______________________________

더 알아보기

어기대다: 순순히 따르지 않고 못마땅한 말이나 행동으로 뻗대다

9월

7

이름씨

가르친사위

창조성이 없이 무엇이든지 남이 가르치는 대로만 하는 사람을 비유로 이르는 말

여러분은 '어렵고 힘들지만 스스로 준비해서 일하는 사람'과 '누군가 시킨 대로 책임감 없이 일하는 사람' 중에서 어떤 사람이 되고 싶나요? 혹시 가르친사위가 편해 보이나요?

보기

1. 주훈이는 무엇이든 스스로 생각하고 행동한다. 그러나 동생은 가르친사위처럼 '엄마가 해 줘'라고 조른다.
2. 드론 모형 만들기 대회에서 아이들은 가르친사위처럼 거의 비슷하게 만들었다. 이와 달리 상묵이는 자기 생각으로 독특하게 만들어서 '창의상'을 받았다.
3. ______________________________

더 알아보기

두루치기: 한 사람이 여러 방면에 능통함 또는 그런 사람

4월

25

이름씨

가린주머니

재물에 인색한 사람을 놀림조로 이르는 말

가린주머니는 부자이든 가난한 사람이든 남을 위해서는 돈을 쓰지 않고
자기만 생각하는 사람을 말해요.
그런데 부자가 가린주머니라면 참 안타깝지요.

보기

1. 우리 아파트 경비 아저씨의 손녀가 병에 걸렸는데 수술비가 부족하다는 소식이 알려졌다. 성금을 모았는데, 다행히 우리 동네에 가린주머니는 없었다.
2. 엄마는 '이상한 가린주머니'이다. 엄마를 위해서는 돈을 잘 안 쓰면서, 아껴 모은 돈을 북한어린이돕기센터에 보내신다.
3. ______________________________

비슷한 말

구두쇠 | 굳짜 | 수전노 | 짠돌이 | 자린고비

9월

6

이름씨

뼘치

길이가 한 뼘쯤 되는 물건이나 물고기

내 허리쯤 자라난 나무, 어른 키 정도 되는 담장,
어린이 팔 길이만 한 막대 등 어림짐작으로 길이를 표현하기도 합니다.
뼘치는 엄지와 중지를 쫙 편 길이만 한 물건을 말하지요.

보기

1. 다 자란 독수리 수컷은 날개를 활짝 펼치면 보통 약 140cm에서 160cm 정도가 된다고 한다. 그러나 새끼 때는 뼘치도 안 된다고 하니 정말 신기하다.
2. 이모가 내 생일 선물로 로봇 장난감을 사 주었다. 뼘치 정도 되는 로봇이지만 24가지로 변신할 수 있어서 나는 틈만 나면 로봇 놀이를 한다.
3. ______________________________

더 알아보기

장뼘: 엄지손가락과 가운뎃손가락을 힘껏 벌린 길이

그림씨

듣그럽다

듣기 싫게 떠들썩하다

시끄러운 곳이 어디인가요? 교실? 야구장? 놀이공원? 지하철 승강장?
누군가 옆에서 귀가 아프게 떠들거나 짜증 날 만큼 잔소리하면 뭐라고 하나요?
시끄럽다는 말 대신 듣그럽다는 말을 써 보세요.

보기

1 언니가 다니는 대학 축제에 아이돌 가수가 온다고 해서 봄이랑 함께 구경 갔다. 무대 가까이 가자 듣그러운 소리에 우리는 손바닥으로 귀를 막았다.

2 길고양이 세 마리가 듣그럽게 싸우고 있었다. 조용히 하라고 소리쳤다. 고양이들은 내 말을 들은 척도 하지 않았다.

3 ______________________________

비슷한 말

쩌렁쩌렁하다 | 들썩하다

9월

5

어찌씨

나우

조금 많이 또는 정도가 조금 낫게

어른들은 물건을 살 때 '조금 더 주세요'라는 말을 자주 합니다.
이때 '조금 더'를 '나우'라고 하지요.
누가 나를 지난번보다 조금 더 친절하게 대할 때도 '나우 대하다'라고 합니다.

보기

1 엄마 아빠가 여행 간 동안 나와 누나는 함께 집안일을 했다. 그런데 엄마는 누나에게 용돈을 나우 주었다. 내가 삐치자, 엄마는 장난이라며 똑같이 주었다.

2 지난주에 우리 가족이 유명한 식당에 갔는데, 너무 바빠서인지 직원들이 친절하지 못했다. 나중에 사장님이 죄송하다고 하고, 직원들도 나우 대했다.

3 ______________________________

더 알아보기

우수리: 일정한 수나 수량에 차고 남는 수나 수량

이름씨

네뚜리

사람이나 물건을 겉모양만 보고 대수롭지 않게 여김

'척 보면 압니다'라는 우스갯말이 있어요. 위험한 말이지요.
사람의 됨됨이나 물건의 좋고 나쁨은 첫눈에 알 수 없거든요.
겉모습이 초라하다고 함부로 대하는 네뚜리 짓은 참 어리석지요.

보기

1. 삼촌은 식당에 갔다가 네뚜리하는 모습에 화가 났다고 한다. 소형차는 모른 척하더니 비싼 차가 오자 친절하게 도와주는 모습에 기분이 상했기 때문이다.
2. 오빠 말을 네뚜리로 듣다가 중요한 약속을 놓쳤다.
3. ______________________________

더 알아보기

세뚜리: 세 사람이 한 상에서 같이 음식을 먹는 일
왜뚜리: 큰 물건

이름씨

택견

우리나라 전통 무예의 하나

9월 4일은 태권도의 날!
2006년에 세계태권도연맹에서 이날을 태권도의 날로 정했어요.
택견은 태권도보다 훨씬 오래된 우리의 전통 무예지요.
유네스코 인류무형문화유산 대표목록에도 등재되었답니다.

보기

1. 택견은 국가무형문화재이다. 문화재 지정을 받았기 때문에 체육관을 도장이 아니라 '전수관(기술이나 지식 등을 전하여 받기 위해 마련된 건물)'이라 부른다.
2. 국립국어원 국어심의회에서 '택견'과 '태껸' 모두 표준어로 인정했다.
3. ______________________________

더 알아보기

수박: 주로 손을 써서 하는 우리나라 전통 무예의 하나

이름씨

구멍수

어려운 일을 뚫고 나갈 만한 수단이나 도리

공부하다가 문제가 잘 안 풀리면 부모님이나 선생님,
형제나 친구 그리고 참고서의 도움이 필요합니다.
이렇게 어려운 일을 해결할 수 있는 방법을 '구멍수'라고 합니다.

보기

1. 내일 모둠 발표를 하는데 우리 모둠은 자료 정리에서부터 헤맸다. 마침 6학년 형이 정리하는 구멍수를 알려 주었다.
2. 아빠는 취직 시험을 볼 때 먼저 취직한 친구가 가르쳐 준 구멍수 덕분에 어렵지 않게 합격했다고 한다.
3. ______________________________

비슷한 말

실마리 | 단서 | 꼬투리 | 열쇠

9월

3

어찌씨

내남없이

나와 다른 사람이나 모두 마찬가지로

안 좋은 일이 생겼을 때 서로 '옳고 그름'만 따지면 관계가 더욱 나빠지기도 합니다.
이럴 때는 내남없이 '우리 모두 잘못했어'라고 말해야 합니다.
우리 조상들은 어려울 때 내남없이 서로 도왔지요.

보기

1. 승주가 큰 수술을 받아야 하는데 집 형편이 어려웠다. 학생들이 모금 운동을 시작했다. 선생님들도 학생들도 내남없이 참여했다.
2. 수빈이는 이순신 영화를 보고 가슴이 뜨거워졌다. 백성들이나 병사들이 내남없이 목숨을 아끼지 않고 나라를 위해 싸우는 모습에 눈물까지 흘렸다.
3. ______________________________

더 알아보기

내남: 나와 남을 아울러 이르는 말
네오내오없이: 너나 나나 가릴 것 없이 다 마찬가지로

이름씨

군마음

쓸데없는 생각을 품은 마음

숙제해야 하는데 게임을 하고 싶다면, 그것은 군마음이지요.
군마음은 공부나 해야 할 일의 '우선순위'를 정하지 않을 때 생기는
좋지 않은 마음이랍니다.

보기

1 채원이는 학교 장기자랑에 나가려고 우쿨렐레 연습을 열심히 했다. 핸드폰도 안 보고 군마음 없이 하는 모습에 엄마 아빠가 칭찬을 많이 해 주셨다.

2 채현이는 언제나 먼저 무엇부터 공부하며, 어떤 일을 먼저 할 것인지 우선순위를 정한다. 이 습관 때문에 군마음이 생길 틈이 없다.

3 ____________________

더 알아보기

군말썽: 공연히 일으키는 말썽
군불: 오로지 방을 덥히려고 아궁이에 때는 불

9월

2

이름씨

끝갈망

일의 뒤끝을 수습하는 일

무슨 일이든 시작이 초라했어도,
아니면 화려하고 요란했어도 끝갈망을 잘해야 합니다.
끝갈망이 흐지부지하거나 엉망이면 그 일은 실패한 것과 다름없습니다.

보기

1. 우리 동네 주민 잔치는 노래자랑도 하고, 먹을 것도 많고, 장터도 열어서 즐거웠다. 끝갈망도 잘해서 쓰레기가 깨끗이 치워지고 사람들은 서로 친해졌다.
2. 오늘도 훈이가 끝갈망을 잘 도와주어 숙제와 강아지 목욕을 잘 끝냈다.
3. ______________________________

비슷한 말

끝마감 | 뒤처리 | 뒷감당

4월

30

움직씨

덮두들기다

감싸듯 어루만지며 두들기다

부모님과 여러 어른이 나를 덮두들기며 예뻐해 준 일이 생각나나요?
지금은 공부하라고 잔소리도 하지만
부모님은 언제나 여러분을 최고로 사랑하신답니다.

보기

1 이모가 아기를 덮두들겨 재웠다. 잠든 아기 얼굴이 너무 귀여웠다.

2 선생님께 혼이 난 짝꿍은 수업이 끝나자마자 울었다. 나는 "울지 마" 하며 짝꿍을 덮두들겨 주었다. 짝꿍은 눈물을 닦으며 "고마워"라고 말했다.

3 ____

더 알아보기

덮누르다: 덮어 누르다 | 덮쌓다: 덮듯이 쌓다
덮싸쥐다: 덮듯이 손으로 싸쥐다

9월

1

이름씨

건들마

남쪽에서 불어오는 초가을의 선들선들한 바람

가을의 문턱이라는 9월이에요. 갑자기 시원해지지는 않지만
9월이라는 말만 들어도 또 건들마 때문에 더 시원하게 느껴집니다.
심호흡을 크게 하고 상쾌하게 9월을 시작해 보아요.

보기

1. "건들마처럼 시원한 소식이 있어요. 노경실 작가님이 우리 학교에서 '작가와의 만남' 행사를 합니다!" 시골 분교 아이들은 모두 "와!" 하고 손뼉을 쳤어요.
2. 내가 동물원에 가자고 조르자, 아빠가 말씀하셨다. "건들마 불 때쯤 가자. 아직은 더워서 동물원을 종일 걷기에는 너무 힘들어."
3. ______________________________

더 알아보기

건들장마: 초가을에 비가 오다가 금방 개고 또 비가 오다가 다시 개는 장마

푸른달

나무와 풀이 짙은 초록색으로 변하는 달

열매달

가을을 맞이하여 가지마다 열매를 맺는 달

5월

1

이름씨

사자어금니

없어서는 안 되는 소중한 사람이나 물건

사자는 육식동물인데 어금니가 없으면 사냥을 못 해서 굶습니다. 먹이를 잡아도 맛있게 씹어 먹을 수가 없어서 몸이 점점 마르지요. 그래서 사자어금니는 아주 중요한 사람이나 물건을 비유할 때 쓰는 표현이지요.

보기

1. 내가 좋아하는 아이돌 그룹은 일곱 명인데 한 사람이 아파서 생방송에 못 나왔다. 나는 생각했다. '한 사람 한 사람 모두 사자어금니 같구나.'
2. "작은 나사못이 없네?" 아빠가 말씀하셨다. "그렇게 작은 못인데 왜 중요해요?" 내가 물었다. "그 못이 사자어금니야. 그게 없으면 벽시계를 못 고치거든."
3. ______________________________

비슷한 말

모도리

8월

31

이름씨

마음가짐

마음의 자세

어느새 8월의 마지막 날입니다.
8월 한 달 동안 방학과 개학, 여행과 공부, 더위와 폭우 속에서
마음가짐이 단단해졌나요?
8월 첫날에 세웠던 계획을 잘 지키고 있나요?

보기

1. 올해 초에 세운 목표를 이룬 우진이는 '야호!' 외쳤어요. 산이는 처음 마음가짐을 잘 지킨 결과라며 동생을 두 팔로 꼭 안아 주었어요. "잘했어, 내 동생!"
2. "목표를 이루려면 계획을 잘 세우고 그것을 실천하려는 마음가짐을 단단하게 지켜야 해요." 선생님은 우리에게 늘 이렇게 강조했어요.
3. ____

더 알아보기

군마음: 쓸데없는 생각을 품은 마음
뜬마음: 헛되거나 들뜬 마음

5월

2

그림씨

바따라지다

음식의 국물이 바특하고 맛이 있다

'바따라지다'는 국물보다 찌개 요리를 이야기할 때 많이 사용합니다.
국물은 적은데(어른들 표현으로 국물이 자작하다) 짜지 않으면서
입맛에 딱 맞을 때 '바따라지다'라고 말하지요.

보기

1. 아빠가 고추장찌개를 만들자, 엄마가 맛을 보더니 "와, 바따라지게 잘 끓였네!"라며 아주 좋아했다.
2. 학교에서 요리 체험 시간에 우리 모둠은 호박 수프를 만들었다. 선생님이 맛을 보시더니 "수프 국물이 바따라지고 맛있구나"라고 칭찬해 주셨다.
3. ______________________________

더 알아보기

바특하다: 국물이 조금 적어 묽지 아니하다
되직하다: 묽지 않고 조금 되다

이름씨

모지랑이

오래 써서 끝이 닳아 떨어진 물건

가방에 매달고 다니는 인형처럼 누구에게나 모지랑이 한두 개 정도는 있지요.
아무리 빨아도 깨끗해지지 않고 한쪽 끝이 닳아도 버릴 수 없을 만큼
사랑이 담긴 물건, 이것이 모지랑이지요.

보기

1 우리 집에는 증조할아버지가 만드신 나무 상이 있다. 만들어진 지 80년도 넘어서 모지랑이가 됐지만 아빠는 아직도 명절 때는 그 상을 꺼내신다.

2 아빠는 처음 회사에 취직했을 때 맨 넥타이를 지금도 간직하고 있다. 모지랑이 넥타이지만 볼 때마다 새 힘이 솟는다고 하신다.

3 ______________________________

더 알아보기

마디다: 쉽게 닳거나 없어지지 아니하다

5월

3

움직씨

건둥반둥하다

하던 일을 끝내지 못하고 성의 없이 그만두다

시간이 부족하거나 몸이 아프면 하던 일이나 공부를 잠시 그만두지요.
이럴 때는 '건둥반둥하다'라는 말을 사용하지 않아요.
'건둥반둥'은 목표 의식과 책임감이 적어서
중간에 포기하는 모양을 말하지요.

보기

1. 한 학년 올라갔을 뿐인데 수학이 어렵다. 수학 문제를 풀다가 건둥반둥하고 친구와 장난치다가 선생님께 꾸중을 들었다.
2. 아빠의 별명은 불도저이다. 모든 일을 건둥반둥하지 않아서이다.
3. ______________________________

비슷한 말

어름어름하다 | 어물거리다 | 얼렁뚱땅하다

이름씨

맹문이

일의 옳고 그름이나 과정을 잘 모르는 사람을 이르는 말

모르는 것을 모른다고 하는 것은 정직한 답이지만
'난 몰라'가 맹문이처럼 습관이 되면 안 됩니다.
나이가 들고 학년이 올라갈수록 더 지혜로워지고,
더 정신을 바짝 차려야 합니다.

보기

1. 친구가 핸드폰뿐인 철수는 아이들이 무얼 물어봐도 맹문이처럼 '몰라' 한다. 철수는 원래 명랑하고 말도 잘했는데, 왜 맹문이가 되었을까?
2. 우리 강아지는 일부러 맹문이 흉내를 내는 것 같다. 간식을 안 주면 내가 무슨 말을 해도 모르겠다며 딴짓을 한다.
3. ______________________________

더 알아보기

영문: 일이 돌아가는 형편이나 그 까닭

5월

4

이름씨

너울가지

남과 잘 사귀는 솜씨

성격이나 기질, 성향 등은 살면서 바뀝니다.
지금 여러분이 너울가지가 풍부하든 그렇지 않든 이것만은 기억하세요.
내향적이든 외향적이든 모두 좋은 기질이랍니다.

보기

1. 내 친구는 너울가지가 있어 누구를 만나도 큰 소리로 웃으며 인사한다.
2. 여러 나라 대통령이 모여서 정상회의를 하는 뉴스를 봤다. 지도자들 사이에서도 너울가지가 좋은 사람은 먼저 다가가서 악수하거나 손을 흔들었다.
3. ______________________________

비슷한 말

붙임성 | 포용성 | 사교성

8월

28

이름씨

두루빛

어떤 모임이나 단체에서 총무의 일을 맡아보는 사람

총무는 어떤 기관이나 단체, 모임 등에서 전체적인 일을 맡은 사람입니다.
일의 종류나 분량으로 보면 회장처럼 중요한 자리이지요.
두루빛은 아주 부지런하고 성실한 사람들이 맡는답니다.

보기

1. 철균이는 올해 웹툰 동아리의 두루빛을 맡았다. 동아리 일 때문에 성적이 떨어진다는 소리를 안 들으려고 공부도 더 열심히 한다.
2. "저는 우리 아파트 부녀회의 두루빛 아주머니처럼 열심히 일하는 회장이 되겠습니다." 회장 선거를 돕는 미미는 아침마다 교문에서 열심히 외쳤다.
3. ______________________________

더 알아보기

두루: 빠짐없이 골고루
갖추갖추: 여럿이 모두 있는 대로

5월

5

이름씨

퉁퉁증

일이 뜻대로 되지 않아서 답답해하며 골을 내는 증세

"엄마한테 야단맞았어? 왜 뚱하게 있니?"라는 말을 들은 적이 있나요?
무언가 내가 원하는 대로 되지 않으면, 입이 비죽 나오고 얼굴을 찡그리지요.
퉁퉁증이 생겨서이지요.

보기

1. 오랜만에 가족 외식을 했는데 형이 좋아하는 고깃집으로 갔다. 나는 피자가 먹고 싶다고 퉁퉁증을 냈으면서 삼겹살은 제일 많이 먹었다.
2. 미연이는 좋아하는 남자친구가 생일잔치에 초대하지 않아서 하루 종일 퉁퉁증이 났다.
3. ______________________________

비슷한 말

뾰로통하다 | 뿌루퉁하다 | 볼메다 | 볼먹다

이름씨

서덜

냇가나 강가 따위의 돌이 많은 곳

가까운 곳에 서덜이 있으면 가족과 함께 산책해 보아요.
돌에 부딪히는 물소리만 들어도 시원해지지요.
생선의 살을 발라내고 난 나머지 부분인 뼈, 대가리, 껍질 따위를
통틀어 말할 때도 '서덜'이라고 합니다.

보기

1. 지원이네 가족은 가까운 냇가로 산책하러 나갔다. "여기가 서덜이란다." 조그만 돌멩이들이 예쁘게 깔린 곳을 가리키며 아빠가 말했다.
2. "이제 서더리탕 주세요." 아빠가 종업원에게 말했어요. "서더리탕이 뭐예요?" 내가 묻자, 살을 발라낸 나머지를 넣고 끓인 탕이라고 아빠가 설명해 주었어요.
3. ______________________________

더 알아보기

돌서덜밭: 돌이 많이 깔린 땅 또는 그런 밭
묵정밭: 오래 내버려두어 거칠어진 밭

5월

6

이름씨

별옴둑가지소리

별의별 괴상한 소리

이어폰과 헤드폰을 끼고 다니는 사람이 많아요.
내가 듣고 싶은 소리만 들으려는 것 같아요.
뉴스만 봐도 별옴둑가지소리 같은 소식이 많지요.
어떻게 하면 따뜻하고 아름다운 이야기가 더 많아질 수 있을까요?

보기

1. 동생은 무언가 잘못해서 엄마에게 야단맞으면 별옴둑가지소리로 중얼댄다.
2. 자신에 대한 가짜 뉴스를 본 연예인이 "별옴둑가지소리 다 듣겠네"라며 불쾌해했다.
3. ______________________________

비슷한 말

헛소리 | 허튼소리 | 군말

8월

26

그림씨

득돌같다

조금도 질질 끌지 않다

부모님이 말씀하면 득돌같이 '네!' 하나요? 모든 자식이 부모님 말씀에 득돌같이 따른다면 이 세상의 부모님은 10년 이상 젊어 보이실 겁니다. 너무 행복해서요. 뜻에 꼭꼭 잘 맞을 때도 '득돌같다'라고 해요.

보기

1. 우리 반장은 남자든 여자든 도움을 청하면 득돌같이 도와준다. 모두가 반장을 좋아한다. 그래도 반장은 자기 자랑을 절대 하지 않는다.
2. 로운이는 군대 간 형이 휴가 나와서 집에 왔다는 연락을 받자, 학원 수업이 남았는데도 득돌같이 집으로 뛰어갔다.
3. ______________________________

비슷한 말

득달같다 | 벼락같다 | 쏜살같다

5월

7

어찌씨

물덤벙술덤벙

아무 일에나 대중없이 날뛰는 모양

사람마다 지문이 다른 것처럼 성격도 달라서
다른 사람 일에 잘 끼어드는 물덤벙술덤벙하는 친구들도 있어요.
자기 성격을 우리말로 표현해 볼까요?

보기

1. 두 아이가 싸우는데, 너도나도 물덤벙술덤벙 끼어들어 싸움이 커졌다.
2. 엄마가 잡채를 만들 때 너무 좋아 옆에서 심부름도 하며 지켜보았다. 그런데 내가 돕는다고 물덤벙술덤벙 설치다가 간장을 쏟고 말았다.
3. ____________________

더 알아보기

차분하다: 마음이 가라앉아 조용하다
가만하다: 움직이지 않거나 아무 말도 하지 아니한 상태에 있다

8월

25

어찌씨

미주알고주알

아주 사소한 일까지 속속들이

호기심이 많은 사람은 궁금하면 미주알고주알 캐묻습니다.
상대방이 귀찮다고 해도 묻고 또 묻지요.
개학하면 방학 때 무엇을 하며 지냈는지, 어디를 다녀왔는지
서로 미주알고주알 이야기하느라 정신이 없지요.

보기

1. 동생은 나만 보면 학교에서 있었던 일을 미주알고주알 이야기한다. 누구랑 학교를 갔는지, 무엇을 배웠는지 등 이야기가 끝이 없다.
2. 진주는 별명이 형사다. 궁금한 것이 있으면 쉬지 않고 미주알고주알 캐묻는다. 심지어 수업 시간에도 쪽지를 보내 묻는다.
3. ______________________________

비슷한 말

꼬치꼬치 | 밑두리콧두리

5월

8

움직씨

빼쏘다

성격이나 모습이 꼭 닮다

‘나는 저 사람의 외모를 닮고 싶어’라는 생각은 누구나 할 수 있습니다.
그러나 원하든 원하지 않든 내 모습에는 부모님을 빼쏜 부분이 있어요.
엄마 아빠한테서 좀 더 빼쏘고 싶은 모습은 무엇인가요?

보기

1. “엄마를 빼쏘아서 예쁘구나!” 나는 이런 말을 들을 때 기분이 좋아요.
2. 나는 이순신 장군의 외모는 닮을 수 없지만, 그분의 용기와 리더십은 빼쏘고 싶다. 그래서 훌륭한 사람이 되고 싶다.
3. ______________________________

비슷한 말

빼닮다

8월

24

이름씨

발그림자

찾아가거나 찾아오는 일을 비유적으로 이르는 말

가족은 물론 좋아하는 사람은 멀리서 봐도 금방 알아보지요.
그리고 발그림자만 보아도 "어? 내 친구네!" 하면서 기뻐한대요.
결국 사람의 관계는 마음이 중요하다는 뜻이지요.

보기

1. 효주는 3반인데도 쉬는 시간마다 지희가 있는 1반에 갈 만큼 둘은 친했다. 그런데 요즘 1반에 효주의 발그림자도 안 보인다. 둘이서 다투어서다.
2. 우리 강아지는 이모의 발그림자만 보여도 좋아서 펄쩍펄쩍 뛴다. 이모가 늘 맛있는 강아지 간식을 가져오기 때문이다.
3. ______________________________

같은 말

발김

5월

9

이름씨

앞갈망

자기에게 생기는 일을 감당하여 처리함

누구나 쉬운 일, 편한 일, 안전한 일을 하려고 하지만
하기 싫어도 해야 할 일이 있지요.
학생은 공부하고, 군인은 나라를 지켜야 하지요.
자기 앞갈망을 해야 모두가 행복하게 살 수 있어요.

보기

1. 숙제를 안 해 온 사람이 많자 선생님이 말했다. "내가 학생 때에 앞갈망을 하지 않았으면 선생님이라는 꿈을 이루지 못했을 거야."
2. 형은 공부는 조금 못했지만 자기 앞갈망은 분명히 했다. 형은 나중에 돈을 많이 벌어서 부모님께 효도할 것이라고 말한다.
3. ______________________________

같은 말

앞갈무리

8월

23

이름씨

푿소

여름에 생풀만 먹고 사는 소

보통 30년을 사는 소는 송아지 때를 빼면 평생 인간을 위해 일하면서
인간에게 도움을 많이 주는 동물이지요.
그런데 힘을 잘 쓰지 못해 부리기 어려운 소를 '푿소'라고 해요.

보기

1. 철진이는 학교 씨름 대회에서 제일 약한 은혁이한테 졌다. 그러자 "에이, 푿소한테 지다니!" 라고 중얼거리며 자기 머리를 감쌌다.
2. 오랜만에 우리 집에 할아버지가 오셨다. 할아버지는 아빠에게 옆집 사는 할아버지 친구가 푿소처럼 힘이 없어 걱정이라고 하셨다.
3. ______________________________

더 알아보기

시그러지다: 애쓰거나 뻗친 힘 따위가 사라지거나 사그라지다
휘지다: 무엇에 시달려 기운이 빠지고 쇠하여지다

느낌씨

아카사니

조금 무거운 물건을 반짝 들어 올릴 때 내는 소리

보기에는 가벼울 것 같았는데 들었을 때 꽤 무거우면 “아카사니!” 하지요.
잃어버린 휴대전화를 다행히 찾았을 때도 “아카사니!” 해요.
‘애써 찾던 것을 발견했을 때 가볍게 내는 소리’라는 뜻도 있거든요.

보기

1. 여태 들지 못하던 아빠의 덤벨을 “아카사니!” 외치고 번쩍 들었다.
2. 교실 청소를 하면서 책상을 옮길 때마다 내가 “아카사니!”라고 하자 아이들이 나를 쳐다보았다. 한목소리로 “아카사니가 영어야?” 하고 물었다.
3. ______________________________

더 알아보기

잘코사니: 미운 사람의 불행을 고소하게 여길 때에 내는 소리
어뜨무러차: 어린아이나 무거운 물건을 들어 올릴 때 내는 소리

8월

22

움직씨

수제비태껸하다

버릇없이 함부로 대들다

누리 소통망(SNS)의 특징 가운데 하나는 '나를 알리는 것'입니다.
소통하는 서비스라고 하지만 온통 '나'에 관해 자랑하다 보면
가끔 소통과 멀어지지요. 그래서 수제비태껸하는 일도 일어납니다.
슬픈 일이지요.

보기

1 "어른에게 먼저 인사하고 존댓말을 써야 해." 식탁 교육으로 평소에 좋은 습관을 익힌 인하가 수제비태껸하는 일은 본 적이 없다.

2 오늘 한 아이가 선생님에게 수제비태껸하려다가 분위기가 심상치 않자 그만두었다. 반 아이들이 모두 자기를 쳐다보자, 뒤늦게 선생님께 사과했다.

3 ______________________________

더 알아보기

건방: 잘난 척하거나 주제넘은 태도

거드름: 거만스러운 태도

5월

11

그림씨

끌밋하다

모양이나 차림새 따위가 깨끗하고 훤칠하다

거울 앞에 서서 자신을 바라보며
"와, 어느 집 자식이야? 정말 멋지네!" 하고 웃어 본 적 있나요?
비싼 옷이 아니어도 여러분은 끌밋하지요. '나'니까요.

보기

1. 엄마가 내 고모부가 될 분에 대해 말해 주었다. "사람이 끌밋하고 성품도 너그러워 보여. 너는 좋겠다. 끌밋한 고모부가 생겨서."
2. 언니가 대학교에 가서 어릴 적 친구를 만났다고 한다. 어릴 때는 키도 작고 개구쟁이였는데 끌밋한 청년이 되었다고 신기해했다.
3. ______________________________

비슷한 말

미끈하다

8월

21

이름씨

늦더위

여름이 다 가도록 가시지 않는 더위

"나는 눈이 오는 겨울이 좋아!" "나는 추운 게 싫어서 여름이 좋아!"
우리나라 사람이 가장 기분 좋게 느끼는 온도는 영상 21도라고 합니다.
엄마 아빠는 개학을 앞두고 늦더위가 심하지 않기를 바라지요.

보기

1. "올해는 더위가 일찍 찾아오더니 늦더위도 심하네. 이러다가 가을이 사라지는 건 아니겠지." 엄마가 수박을 쪼개며 말했어요.
2. 학교 공사를 하던 아저씨 한 분이 늦더위에 쓰러지셨다. 다행히 얼른 치료해서 건강을 되찾으셨다고 한다.
3. ______________________________

더 알아보기

일더위: 첫여름부터 일찍 오는 더위
찜통더위: 뜨거운 김을 쐬는 것같이 무척 무더운 여름철의 기운

5월

12

이름씨

곰손이

곰처럼 순하고 경솔하지 않아서 듬직한 사람

곰은 사람을 공격하는 무서운 동물이지만,
평소 느릿느릿 움직이고 듬직해 보여서
옛사람들은 순하다는 느낌을 받았나 봅니다.
그래서 곰손이라는 말이 나왔지요.

보기

1 현택이는 곰손이 같은 성격이라 친구가 많다. 그래서 현택이가 무엇이든 부탁하면 친구들이 '그래!' '알았어' 하며 고개를 끄덕인다.

2 "여우 같은 성격이 되고 싶어, 아니면 곰손이 같은 성격이 되고 싶어?" 친구의 물음에 나는 대답했어요. "나는 지금 내 성격이 좋아!"

3 ____

더 알아보기

곰살갑다: 성격이 상냥하고 부드럽다
듬직하다: 사람됨이 경솔하지 않고 무게가 있다

8월

20

그림씨

수나롭다

무엇을 하는 데 어려움이 없이 잘 되어 간다

새로운 것을 배울 때 힘들어서 포기하고 싶을 때가 있지요.
수나롭게 되지 않아도 서두르지 않고 끈기 있게 노력하면
자기도 모르는 사이에 실력이 생기지요.

보기

1 "우리 반은 참 수나롭게 돌아가는 것 같아." 반장과 부반장이 열심히 일하는 모습을 보며 선생님께서 말씀하셨다.

2 요즘 친구들과 함께 수영을 배우고 있다. 다행히 내 수영 실력이 날마다 수나로워 지도 선생님이 칭찬을 많이 해 주셨다.

3 ______________________________

비슷한 말

순조롭다 | 원만하다

5월

13

이름씨

달포

한 달이 조금 넘는 동안(기간)

무슨 일을 끝내는데 한 달 하고 며칠 더 걸릴 것 같을 때
'달포 정도 되면 할 수 있어요'라고 말하지요.
며칠이라고 정확하게 말하기 어려울 때 사용할 수 있어요.

보기

1. 과수원을 하는 친척 아저씨가 달포 뒤에 맛있는 자두를 보내 준다고 엄마에게 연락하셨다.
2. "벌써 달포가 지났는데 무슨 연락이 없었니?" 군대 간 삼촌이 궁금해서 할머니가 아빠에게 물었다.
3. ______________________________

더 알아보기

날포: 하루가 조금 넘는 동안 | 해포: 한 해가 조금 넘는 동안
달장: 날짜로 거의 한 달 기간

8월

19

그림씨

슬금하다

겉으로는 어리석게 보이지만 마음은 슬기롭고 너그럽다

독재자들은 겉으로 자유와 평화를 주장해서 평화주의자처럼 보이지만 사실은 마음이 흉악한 사람들입니다. 그 반대로 겉보기에는 좀 어리숙해 보여도 지혜롭고 너그러운, 즉 슬금한 사람도 많지요.

보기

1 나라마다 외교 방법이 다르다. 어떤 경우에는 일부러 슬금한 사람을 보내어 상대편 나라의 긴장감을 풀게 해서 더 큰 성과를 내기도 한다.

2 옷을 허름하게 입은 노인을 사람들은 무시한다. 그러다가 그 노인이 슬금하고 돈이 많은 사람이라는 것을 알면 모두 잘 보이려 애쓴다.

3 ______________________________

더 알아보기

알차다: 속이 꽉 차 있거나 내용이 아주 실속이 있다

옹골차다: 매우 옹골지다

5월

14

이름씨

오롱이조롱이

오롱조롱하게 제각기 달리 생긴 여럿을 이르는 말

완두콩 껍질을 벗겼을 때 모양이 저마다 조금씩 다른 완두콩이 나옵니다.
'한데 모여 있는 작은 물건 여럿이 생김새나 크기가 제각기 다른 모양'을
'오롱조롱'이라고 해요.

보기

1. 텔레비전에서 다섯쌍둥이 뉴스를 봤다. 쌍둥이 형제인데도 갓난아기들은 오롱이조롱이였다. 나는 '아기들 성격도 저마다 다르겠지' 생각했다.
2. 수족관에 갔다. 내 손바닥보다 더 작은 거북들이 오롱이조롱이라 귀여웠다. 데려다가 키우고 싶었다.
3. ______________________________

더 알아보기

올망졸망: 작고 또렷한 것들이 고르지 않게 많이 벌여 있는 모양

8월

18

이름씨

잠비

여름에 일을 쉬고 낮잠을 잘 수 있게 하는 여름비

여름은 한창 농사철이라 비가 오면 잠시 잠을 자면서
쌓인 피로를 풀 수 있어서 여름비를 잠비라고 하지요.
그러나 여름에도 감기에 걸릴 수 있으니 잠비도 조심하세요.

보기

1 비가 많이 내려서 영선이는 밖에 못 나가고 거실 소파에 누워 만화책을 봤다. 세찬 빗소리가 잠비가 되어 영선이는 어느새 곯아떨어졌다.

2 "잠비가 오면 푹 자고 싶고, 떡비가 오면 김치전이 먹고 싶네." 엄마의 말에 아빠는 얼른 일어나 김치전을 부치기 시작했다.

3 ______________________________

더 알아보기

떡비: 떡을 먹을 수 있게 하는 비로, 가을비를 이르는 말

이름씨

양볼제비

양 볼에 음식을 가득 넣어 욕심껏 탐내어 먹는 일

"한 시간 동안 원하는 대로 마음껏 드세요!"
이런 행운이 있다면 엄청 신이 나서 배부르게 먹겠지요?
양볼제비가 될 정도로 먹는다는 것은 건강하다는 말입니다.
양볼제비로 먹는 어른은 드물거든요.

보기

1. 나는 뷔페 식당이 좋다. 좋아하는 음식을 양볼제비로 먹을 수 있으니까.
2. 정웅이 생일 파티에 갔는데, 내가 좋아하는 치킨이 종류별로 있었다. 나는 양볼제비로 먹느라 말도 제대로 못 했다.
3. ______________________________

반대말

깨지락깨지락: 마음에 들지 않은 음식을 억지로 굼뜨게 먹는 모양

이름씨

머리등

자동차나 자전거 따위의 앞부분에 달린 등

자전거가 있는 어린이는 얼른 머리등을 확인해 보세요.
부모님이 자동차의 머리등이 안전한지 늘 살펴보듯이 안전을 위해
여러분의 자전거 상태도 자주 점검해야 해요.

보기

1. 자전거 머리등이 깨졌는데 고치지 않고 타려 하자 엄마가 말렸다. “안전은 미리 지켜야 하는 거야.” 나는 엄마와 함께 자전거 수리점에 가기로 했다.
2. 삼촌이 면허를 따고 처음 운전하다가 머리등을 깨트렸다. 주차장에서 차를 빼다가 기둥에 긁혔다고 한다.
3. ______________________________

더 알아보기

꼬리등(미등): 자동차나 열차 따위의 뒤에 붙은 등

5월

16

움직씨

덥적이다

무슨 일에나 가리지 않고 참견하다

호기심이 생기면 참지 못하고 덥적이고 싶나요?
참견하기 전에 한 번 더 잘 생각해 보는 건 어떨까요?
'덥적이다'에는 '남에게 붙임성 있게 굴다'라는 뜻도 들어 있어요.

보기

1. 은정이는 누군가 시무룩한 얼굴로 혼자 있으면 왜 그러냐고 덥적인다. 사람들이 오해할 수도 있지만, 은정이의 마음을 나는 잘 안다.
2. 우리 반 반장은 남의 일에 늘 덥적이며 참견을 한다.
3. ____________________

비슷한 말

간섭하다 | 부닐다

8월

16

느낌씨

왕배야덕배야

여기저기서 시달려 괴로움을 견딜 수 없을 때 부르짖는 소리

힘든 일이 생기면 저절로 비명이나 앓는 소리가 나옵니다.
'엄마야!' '아이고!' 이런 탄식과 신음을 예전 사람들은 '왕배야덕배야'라고 했답니다.
'여기저기서 시끄럽게 옳고 그름을 따지는 소리'로도 사용하지요.

보기

1. 강아지는 산책 나가자고 졸랐고, 엄마는 피곤하다고 방으로 들어갔다. 왕배야덕배야, 내일부터 시험인데, 나더러 어쩌라고!
2. 친구들과 분수대 앞에서 놀던 해미의 핸드폰이 물에 빠졌다. 아이들은 저마다 '네가 잘못해서 그래.' '아니야, 네가 잘못했잖아'라며 왕배야덕배야 떠들었다.
3. ______________________________

더 알아보기

알라차: 경쾌함을 느낄 때 내는 소리
개치네쒜: 재채기를 한 뒤에 내는 소리

5월

17

움직씨

재장구치다

두 번째로 서로 마주쳐 만나다

학교에서 수업을 마치고 친구와 "안녕!" 하고 헤어졌다.
그런데 집 근처에서 그 친구와 우연히 재장구치면 마음이 어떨까요?
좋은 친구는 하루에 열두 번도 더 만나고 싶지요.

보기

1. 우리 모둠은 발표를 준비하기 위해 토요일에 재장구치기로 했다.
2. 씨름 대회 결승전이 벌어졌다. 두 사람은 예선에 이어 재장구쳤는데, 결국 파란 띠 선수가 우승했다. 빨간 띠 선수는 진심으로 축하해 주었다.
3. ______________________________

더 알아보기

설면하다: 자주 못 만나서 낯이 좀 설다

8월

15

이름씨

후제

뒷날의 어느 때

오늘은 일본에 빼앗겼던 우리의 주권을 되찾은 광복절입니다.
'광복'은 빛을 회복했다는 뜻이지요.
고난과 죽음의 어둠 속에 있었던 우리 민족이
'대한 독립 만세'를 외치며 빛의 후제를 열기 시작했지요.

보기

1. 일본이 군홧발과 총칼로 짓밟고 위협해도 우리 민족은 무릎 꿇거나 항복하지 않았다. 그런 노력으로 후제에 자유를 찾게 되었다.
2. 엄마는 외할아버지로부터 '힘든 일이 생기면 울지 말고, 후제는 더 나아진다는 믿음을 갖고 힘내야 한다'라는 가르침을 받고 자랐다고 한다.
3. ______________________________

더 알아보기

모레: 내일의 다음 날 | 글피: 모레의 다음 날
그글피: 글피의 그다음 날, 오늘로부터 나흘 뒤의 날

5월

18

어찌씨

메지메지

물건을 여럿으로 따로따로 나누는 모양

엄마가 세탁해서 말린 옷과 양말, 수건 등을 바닥에 펼쳐 놓으며
"나랑 같이 메지메지 잘 개서 정리하자" 할 때
"네!"라고 하나요, 모른 척 핸드폰만 보고 있나요?

보기

1. 내일 우리 반은 아기들을 돌보아 주는 곳에 방문하려고 선물을 종류별로 메지메지 담기 시작했다.
2. 누나와 내가 동네 공부방에 기증하려고 책을 메지메지 정리하며 애를 쓰자, 엄마가 맛있는 간식을 만들어 주셨다.
3. ______________________________

비슷한 말

매지매지

8월

14

어찌씨

지며리

차분하고 꾸준한(탐탁한) 모양

존경받는 사람들의 공통점 중 하나는 꿈을 이루기 위해
지며리 노력했다는 사실이지요.
결과보다 과정이 중요하다는 것을 알 수 있어요.
여러분은 무엇을 위해 지며리 노력하고 있나요?

보기

1. 엄마는 나만 보면 지혜 칭찬을 한다. "지혜는 공부할 때 핸드폰 끄고 지며리 공부한대." 엄마가 나랑 친구를 비교하는 것이 싫다.
2. 10분 이상 집중하지 못해서 고민이라는 지오는 지며리 공부할 수 있는 특효약을 만들고 싶다고 했다. 멋진 생각인 것 같다.
3. ______________________________

비슷한 말

꾸준히 | 부단히 | 끊임없이

5월

19

움직씨

포배기하다

한 것을 자꾸 되풀이하다

운동선수와 악기 연주자들의 공통점은 연습 벌레라는 사실입니다.
이를테면 피겨 스케이팅 선수는 공중회전을 잘하기 위해 셀 수 없이 포배기합니다.
공부할 때도 여러 번 읽고 풀어 보며 포배기하면 도움이 되지요.

보기

1. 우리 강아지가 똑똑해지기를 바라고 가나다라 카드를 만들어서 가르쳤다. 백 번도 넘게 포배기했지만, 똘똘이는 낱말 카드를 물어뜯으며 장난만 쳤다.
2. 나는 형보다 아빠 구두를 더 잘 닦는다. 어느새 내가 아빠 구두 담당이 되었다. 구두를 잘 닦게 된 것은 형 몰래 포배기했기 때문이다.
3. ______________________________

더 알아보기

되배기: 싸움닭의 받아치는 성질
자배기: 둥글넓적하고 입구가 넓은 질그릇

8월

13

이름씨

개미장

큰비가 오기 전에 개미들이 줄을 지어 먹이를 나르거나 집을 옮기는 일

'개미' 뒤에 '장'을 붙인 것은 사람들이 장날에 줄을 지어서 장 보러 가는 것처럼 보여서이지요. '개미장'은 부지런하고 끈기가 있으면 큰일을 하게 된다는 교훈을 주는 말로도 사용됩니다.

보기

1. "와! 개미들이 이사하나 봐?" 아이들 말에 곁을 지나던 아저씨가 말했어요. "오늘 큰비가 올 걸 알고 개미장을 하는 거란다. 너희도 얼른 집에 가거라."
2. 개미들은 똑똑하다. 날씨를 어떻게 미리 알고 개미장을 할까?
3. ______________________________

더 알아보기

비설거지: 비가 오기 전에 물건을 치우거나 덮어서 간수하는 일

그림씨

좌뜨다

생각이 남보다 뛰어나다

오늘은 발명의 날!
발명이란 '그전에 없던 것을 새로 생각해서 만들어 내는 것'이지요.
지우개, 책받침, 연필깎이처럼 여러분이 학교에서 늘 사용하는 물건들도
좌뜬 사람들이 발명해 낸 것이지요.

보기

1. 이모는 빵 가게를 하는데 생각이 좌떠 재미있게 생기고 맛있는 빵을 잘 만든다.
2. 강아지 소리를 사람의 말로 번역하는 기계를 발명하고 싶다는 내 글을 읽고 선생님이 칭찬해 주셨다. "너는 참 좌뜬 아이구나. 신선한 생각이야."
3. ______________________________

비슷한 말

눈부시다 | 빼어나다 | 굉장하다

8월

12

이름씨

땅까불

암탉이 땅바닥에 몸을 대고 비비적거리는 짓

암탉은 알 낳을 자리를 고르는 습성으로 땅까불을 합니다.
어미 닭의 정성으로 알을 깨고 나온 병아리는
가냘픈 깃을 파닥이며 움직입니다.

보기

1. "할머니! 닭이 쓰러졌어요!" 커다란 암탉이 땅까불하는 모습을 처음 본 민서는 놀라서 소리쳤습니다.
2. 할머니로부터 땅까불이 무엇인지 안 민서는 생각했지요. '동물 엄마도 사람 엄마처럼 정말 훌륭해! 암탉아, 아까 너한테 저리 가라고 소리쳐서 미안해!'
3. ______________________________

더 알아보기

장닭: '수탉'을 이르는 말

5월

21

이름씨

다랑귀

두 손으로 붙잡고 매달리는 짓

어린아이들은 엄마 아빠의 팔에 매달려 다랑귀를 뛰며 노는 것을 좋아합니다.
그러다가 무언가 잘못했을 때도 야단맞지 않으려고
다랑귀를 하기도 하지요.

보기

1. 평은이가 자꾸 아빠 팔에 다랑귀를 뛰자, 아빠가 소파에 푹 앉으며 말했다. “어이구, 힘들다. 좀 쉬었다 하자.” 그래도 평은이는 팔 그네를 태워 달라고 졸랐다.
2. 영미가 하도 말을 안 들어서 엄마가 회초리를 들고 때리는 시늉을 했다. 영미는 엄마의 오른팔에 다랑귀를 떼며 코맹맹이 소리를 냈다. “다음부터 잘할게요.”
3. ______________________________

더 알아보기

까치걸음: 두 발을 모아서 뛰는 종종걸음

8월
11

이름씨

진짬

다른 것이 섞이지 않은 물건

사람들은 비빔밥을 좋아하고 맛있게 먹지만 맨밥을 더 좋아하는 사람도 있어요. 물건도 그렇습니다. 여러 가지가 섞인 것을 더 찾거나 아니면 되도록 진짬을 갖고 싶어 하는 사람도 있어요.

보기

1. 요즘 사람들은 바쁘다 보니 진짬 식품보다 가공식품을 많이 찾는다. 그럴수록 식품 원료에 어떤 첨가물이 더해졌는지 잘 살펴야 한다.
2. 엄마와 할머니는 이번에 산 모시옷이 진짬이라며 너무 좋아하셨다.
3. ______________________________

비슷한 말

진짜

5월

22

움직씨

안다미씌우다

자기의 책임을 남에게 지우다

누구나 안다미씌우는 일을 당하면 불쾌하고 슬픕니다.
친구나 가족이라도 안다미씌우는 일을 하면 안 됩니다.
물론 나도 다른 사람을 힘들게 하면 안 되겠지요.
'안다미시키다'는 비표준어예요.

보기

1. 머리 큰 개미가 일하다가 말고 말했어요. "나는 피곤하니까 너희가 내 일까지 다 해!" 다리 굵은 개미가 소리쳤어요. "우리한테 안다미씌우지 마!"
2. 임시 직원에게 5개월 동안이나 안다미씌우다니. 나쁜 짓은 반드시 드러난다.
3. ______________________________

더 알아보기

안다미: 남의 책임을 맡아 짐 또는 그 책임

8월

10

이름씨

짜발량이

짓눌려서 오그라져 못 쓰게 된 물건이나 사람

덥다고 게으름을 피우지 말고 방 안 구석구석 대청소를 해 보아요.
여기저기서 생각하지도 못한 짜발량이가 나올지도 모릅니다.
여름방학 동안 깨끗이 짜발량이를 정리하고 2학기를 준비해요.

보기

1. 아빠는 어르신들을 위한 자원봉사를 다녀왔다. "기운들이 없어서 청소를 못 하시니까 곳곳에 짜발량이가 많아서 청소하느라 힘들었지만, 마음이 뿌듯해."
2. 엄마는 집안 청소를 하며 짜발량이를 몽땅 버렸다. "진작에 하고 싶었는데 오늘에야 했네. 와, 시원하다!"
3. ______________________________

더 알아보기

짜부라지다: 물체가 눌리거나 부딪혀서 오그라지다

5월

23

이름씨

제도루묵이

본래의 상태로 되돌아가 버리는 일을 이르는 말

'제도루묵이'는 '작심삼일'과 비슷한 말입니다.
우리는 "새해부터는 잘해야지!"
"한 학년 올라갔으니까 더 열심히 해야지!"라고 결심합니다.
그런데 며칠만 지나면 자꾸 제도루묵이가 되지요. 왜 그럴까요?

보기

1 남한과 북한의 사이는 잠시 좋았다가 제도루묵이가 되었다. 마음이 아프다.

2 나는 새 학년이 된 날, 내 방 청소는 내가 한다고 마음먹었다. 그러나 일주일도 못 가서 제도루묵이가 되어서 방 안이 쓰레기통처럼 지저분해졌다.

3 ______________________________

비슷한 말

제자리걸음 | 뭉그대다 | 말짱 도루묵

8월

9

이름씨

오사리

같은 작물을 제철보다 일찍 수확하는 일 또는 그런 작물

"모든 것(일)에는 때가 있다." 어른들이 하는 말입니다.
그러나 오사리는 이른 철에 수확한 농작물이나
'이른 철에 잡은 해산물'을 말합니다.

보기

1 엄마가 보쌈을 주면서 말했다. "오사리젓에 찍어 먹어 봐. 새우는 보통 6월부터 잡는데 5월에 잡은 새우로 만든 젓을 오사리젓이라고 하지. 정말 맛있단다."

2 외할머니가 오사리 사과를 보내 주셨다. 모양과 색깔은 참 예쁜데 너무 시어서 나는 먹으면서 얼굴을 잔뜩 찡그렸다.

3 ______________________________

반대말

늦사리: 철 늦게 농작물을 거두는 일 또는 그 농작물

5월

24

이름씨

잘코사니

고소하게 여겨지는 일
주로 미운 사람이 불행을 당한 경우에 하는 말

'아휴, 고소하다!' 나와 다툰 친구에게 나쁜 일이 생기면 이렇게 생각할 수 있지만, 우리말 일력을 배우는 여러분은 마음이 넓지요? '잘코사니'라고 생각하지 말아요.

보기

1. 아빠와 크게 다투었던 아저씨에게 안 좋은 일이 생겼다. 잘코사니일 수 있으나 아빠는 그런 마음을 갖지 않고 오히려 그 아저씨를 찾아가 위로해 주었다.
2. 글짓기 대회에서 나는 장려상, 짝꿍은 우수상을 받았다. 짝꿍은 잘코사니라고 놀렸다. 절친인 짝꿍의 농담에 우리 둘은 한참을 웃었다.
3. ______________________________

비슷한 말

쌤통

8월

8

이름씨

찰짜

수더분하지 않고 매우 깐깐한 사람

요즘 성격 테스트를 통해 사람을 평가하는 일이 늘어났는데,
상대방의 성격을 알면 좀 더 편하게 만날 수 있다고 합니다.
좋아하는 연예인 이야기를 할 때도 그 사람 성격이 어떤지 궁금해하지요.

보기

1. 언니는 학교에서 돌아오자마자 모둠에 찰짜가 있어서 힘들다고 한숨을 쉬었다. “상윤이는 뭐든 빈틈없이 하려고 하거든.”
2. 내 짝꿍은 찰짜라서 내가 조금만 실수해도 우리 엄마처럼 지적한다.
3. ______________________________

비슷한 말

꼼꼼하다 | 빈틈없다 | 까탈스럽다

움직씨

위덮다

능력이나 수준이 남보다 훨씬 뛰어나다

올림픽에서 1등 선수에게는 금메달을 주지요.
이럴 때 "와, 실력이 위덮네!"라고 합니다.
여러분은 어느 분야에서 위덮는 실력이 있나요?

보기

1. 한국인의 나라 사랑하는 마음은 어느 나라도 흉내 낼 수 없을 정도로 위덮지요.
2. 동네 강아지 중에서 우리 집 똘똘이의 달리기 실력은 위덮다. 강아지들과 달리기 시합했는데 똘똘이가 일등을 했다.
3. ______________________________

비슷한 말

위없다

8월

7

그림씨

하염직하다

할 만하다 또는 할 만한 가치가 있다

사람이 하는 모든 일이 올바르거나 귀한 일은 아니라서
다른 사람에게 피해를 주거나 오해받지는 않는지 잘 살펴보고 해야 해요.
하염직한 일이라면 더 열심히 해야지요.

보기

1. 나는 문해력 우리말 일력을 공부하는 것이 하염직한 일이라고 생각한다. 생각은 많지만, 그것을 완성된 문장으로 잘 표현하지 못하기 때문이다.
2. 우리 오빠는 여름에 시골 할아버지 과수원에서 일을 도와드렸다. 엄마는 아주 하염직한 일이라며 칭찬해 주었다.
3. ______________________________

더 알아보기

하찮다: 그다지 훌륭하지 않다
새들하다: 별로 대수롭지 않다

5월

26

움직씨

으밀아밀하다

비밀히 이야기하다

이야기하던 친구들이 내가 가까이 가면
모두 입을 다물고 시치미를 뗄 때는 기분이 나쁘지요.
사실 별 이야기가 아닌데도 으밀아밀하는 아이들이 있어요.
우리는 늘 당당하게 말해요.

보기

1 "야, 으밀아밀할 필요가 뭐 있니? 그냥 누가 누구랑 사귀는지 말하면 되잖아."

2 범죄 수사 드라마에서 범인들은 으밀아밀하게 회의한다. '저렇게 열심히 회의하는 열정으로 좋은 일을 하면 안 되나?'라는 생각이 들었다.

3 ______________________________

비슷한 말

속살속살하다

8월

6

이름씨

콩케팥케

사물이 뒤섞여서 뒤죽박죽된 것을 이르는 말

부모님이 자주 하시는 잔소리나 꾸지람은 무엇인가요?
혹시 '네 방은 네가 청소 좀 하지!'는 아닌가요?
여러분이 보기에는 괜찮은데 엄마는 만날 청소하라고 하시나요?
여러분 방도 마음도 콩케팥케이면 안 되니까 하시는 말씀이랍니다.

보기

1 여름 방학이 시작되자마자 서진이 방은 콩케팥케다. 옷들은 침대에 널브러져 있고, 모자는 책상 위에 돌아다니고, 쓰레기통은 쓰레기로 꽉 찼다.

2 정진이는 요즘 생각이 콩케팥케였다. 엄마에게 고민을 털어놓았다. "엄마, 나는 가수도 되고 싶고, 요리사도 되고 싶고, 화가도 되고 싶어요."

3 ____________________

비슷한 말

어겹 | 범벅 | 뒤죽박죽 | 뒤범벅

이름씨

외쪽생각

상대편 속은 모르면서 한쪽에서만 하는 생각

'너도 내 마음 같은 줄 알았어.' '우리는 친구니까 생각이 같을 줄 알았지.'
가끔 외쪽생각으로 오해를 하는 일이 있지요.
서로의 생각을 물어보고, 함께 의논하는 습관을 만들면
이런 오해를 막을 수 있어요.

보기

1. 오 헨리의 『크리스마스 선물』이라는 소설에서 남편은 아내의 긴 머리를 위해 아끼는 시계(시계 줄이 없는)를 팔아 비싼 머리빗 한 세트를 사고, 아내는 자기의 머리카락을 잘라 팔아서 남편 시계의 줄을 사지요. 서로 외쪽생각을 했지만, 서로의 진심을 알기에 행복한 크리스마스를 보냅니다.
2. ______________________________

비슷한 말

외쪽사랑 | 짝사랑

8월

5

움직씨

통겨주다

남이 모르는 것을 몰래 알려 주다

이 세상에 비밀은 없다지만, 자기 나라의 이익을 위해서
또는 좋은 일을 이루기 위해서 끝까지 비밀을 지키는 사람들도 많지요.
그래서 '통겨주다'는 좋은 뜻과 함께 나쁜 뜻도 담고 있지요.

보기

1. 일제 강점기 때 많은 조선 사람이 독립운동을 위해 서로 통겨주었다.
2. 언니가 아빠한테 무언가를 통겨주었다. 알고 보니 내가 친구랑 싸울 때 욕했다고 이른 것이다. 화가 났지만 참았다. 사실이니까.
3. ______________________________

비슷한 말

까바치다 | 불림하다

5월

28

이름씨

괴발개발

글씨를 되는대로 아무렇게나 써 놓은 모양을 이르는 말

'괴발개발'은 고양이의 발과 개의 발이라는 뜻입니다.
아무렇게나 쓴 글씨가 마치 고양이와 개가 정신없이 뛰어다니며
집 안팎을 어지럽히는 모양과 같았다고 생각했나 봐요.

보기

1 인성이는 평소에는 글씨를 괴발개발 써서 내용을 잘 알아볼 수 없다. 그러나 자기 생일 잔치 초대 편지를 쓸 때는 잘 쓰려고 애쓴다.

2 엄마는 아빠가 군대에 있을 때 쓴 편지를 지금도 간직하고 있다. 훈련에 지쳐 힘들어서 괴발개발 썼지만 사랑이 가득 담겨 있기 때문이라고 한다.

3 ____

비슷한 말

개발새발

8월

4

그림씨

틀수하다

성질이 너그럽고 침착하다

'틀수하다'에는 넓고 이해심이 많은 마음이 들어 있습니다.
내가 모르고 실수했을 때 누군가로부터 틀수한 위로를 받으면
마음의 상처가 빨리 회복됩니다.

보기

1. 은성이는 지혁이와 장난치다가 선생님께 혼이 났다. 며칠 동안 둘은 말도 하지 않았지만, 틀수한 미선이가 둘을 만나 오해를 풀어 주었다.
2. 정치와 종교 문제 등으로 사이가 틀어진 사람들은 틀수하게 행동하고 신중하게 생각해 다툼을 그쳤으면 한다. 서로 마음의 피해가 크기 때문이다.
3. ______________________________

더 알아보기

몽니: 심술궂게 욕심부리는 성질
시망스럽다: 몹시 짓궂은 데가 있다

5월

29

그림씨

헝겁스럽다

너무 좋아서 정신을 차리지 못하고 허둥거리는 모양

얼마나 좋으면 가만히 있지 못하고 헝겁스럽게 될까요?
부모님이나 선생님께 칭찬받거나 시험 성적이 좋게 나올 때?
친구와 함께 놀러 가거나 맛있는 음식을 먹을 때?

보기

1. 우리 학교 축구 대표팀이 전국 어린이 축구 대회에서 우승했다. 선생님들과 아이들 모두 헝겁스럽게 "야호!" 소리쳤다.
2. 작년부터 갖고 싶었던 자전거를 이모가 생일 선물로 사 주었다. 색깔도 내가 바라던 것이라 나는 너무 헝겁스러워 어쩔 줄을 몰랐다.
3. ______________________________

비슷한 말

달뜨다

8월

3

매김씨

어떤 사물의 수가 아주 많은

'엄청나게 많다' '셀 수도 없이 많아' 같은 말들을 단 한 마디로 표현한다면?
바로 '뭇'입니다.
그래서 떼 지어 몰려다니는 까마귀를 '뭇까마귀'라고 부르지요.

보기

1. 루하와 동생 로운이는 천문대 옥상에서 하늘을 보는 순간 입을 다물지 못했어요. 뭇별 때문에 마치 우주 한가운데 있는 것 같았어요.
2. 가족과 함께 바닷가로 여행 온 현호는 실망하고 말았다. 아빠는 "어휴, 뭇사람들이 모래사장에 쓰레기를 많이 버렸네"라고 얼굴을 찌푸렸다.
3. ______________________________________

더 알아보기

온갖: 이런저런 여러 가지의
별별: 보통과 다른 갖가지의

움직씨

뼁뼁매다

어쩔 줄 몰라 쩔쩔매면서 돌아다니다

"어떡하지?" 중요한 일을 못 하거나,
숙제를 깜빡 잊으면 당황해서 어쩔 줄 몰라 하지요.
이런 모습을 '뼁뼁매다'라고 합니다.
이제 1학기도 중간 지점을 넘어가는데 뼁뼁매는 상황은 줄여야겠지요.

보기

1. 이순신 장군이 이끄는 조선의 수군보다 일본 수군의 배가 훨씬 더 많았다. 그러나 조선군의 지혜와 용기에 져서 일본 수군은 도망갈 길을 찾느라 뼁뼁맸다.
2. 내 짝꿍이 이어폰 한쪽을 잃어버렸다며 뼁뼁매서 우리 모두 찾기 시작했다. 그런데 잃어버린 이어폰이 짝꿍의 주머니에서 나오는 바람에 모두 웃었다.
3. ____________________

더 알아보기

이악하다: 일을 꼭 끝내려고 달라붙어 끈질기게 하는 기세

8월

2

그림씨

하차묵지않다

품질이 약간 좋다

'하차묵지않다'에서 '묵지'는 '묵찌'라고 발음합니다.
값비싼 제품이 아니더라도 하차묵지않은 옷과 신발, 책가방은 많습니다.
사람에게 '하차묵지않다'라고 말할 때는 '성질이 조금 착하다'라는 뜻입니다.

보기

1. 아빠가 중고 자전거를 사 왔어요. 아빠는 하차묵지않은 자전거라고 말했지만, 민경이는 입을 비죽 내밀었어요. 그러나 몇 번 타더니 입이 쏙 들어갔어요.
2. "명환아, 할머니가 사 준 축구화는 어때?" 엄마가 물었다. "내가 갖고 싶은 축구화는 아니지만, 하차묵지않은 거라서 좋아요. 발도 엄청 편해요."
3. ______________________________

더 알아보기

하찮다: 그다지 훌륭하지(중요하지) 않다
새들하다: 별로 대수롭지 않다

5월

31

이름씨

든바다 | 난바다

육지에 가까운 바다 | 육지에서 멀리 떨어진 바다

1996년, 해양수산부는 5월 31일을 '바다의 날'로 정했어요.
여름이 아닌 이날을 바다의 날로 정한 까닭은
신라 시대 장보고 장군이 해적을 막고 해상 무역을 위해
청해진을 세운 날이기 때문이에요.

보기

1. 무전기나 레이더도 없는 배를 타고 오직 경험과 자연 현상만 보고 난바다에서 해적과 싸우고 무역을 한 우리 선조들이 존경스럽다.
2. 완도 앞 든바다에 드넓게 펼쳐진 해조류 양식장은 전 세계에서도 유명하다.
3. ______________________________

더 알아보기

든부자: 사실은 부자인데 겉으로는 거지처럼 보이는 사람
난부자: 부자처럼 보이지만 실제로는 매우 가난한 사람

8월

1

이름씨

물돼지

이가 있는 돌고랫과의 포유류를 통틀어 이르는 말

돌고래를 본 적이 있나요? 물돼지라고 불렀던 돌고래는
예전부터 지금까지 우리나라 바다에 살아서 낯선 동물이 아닙니다.
지금도 제주도 앞바다에서는 맨눈으로 돌고래를 볼 수 있어요.

보기

1. 돌고래는 주둥이가 앞으로 비죽 나온 게 꼭 돼지주둥이 같다고 물돼지라고 부른 듯하다. 돼지의 옛 이름이 '돝'인데 여기에 고래를 붙여서 돌고래가 되었다고 한다.
2. 제주도 바다에서 살던 물돼지 '제돌이'는 그물에 걸렸다가 팔려서 수족관에 갇혀 지내야 했다. 다행히 여러 사람의 도움으로 마침내 바다로 돌아갔다.
3. ______________________________

더 알아보기

부룩송아지: 아직 길들지 아니한 송아지
가라말: 털빛이 온통 검은 말

누리달

온 누리에 생명의 소리가 넘치는 달

타오름달

하늘에서 해가, 땅에서는 가슴이 타오르는 열정의 달

6월

1

이름씨

나무초리

나뭇가지의 가느다란 부분

6월은 온 세상에 생명의 소리가 넘치는 달이라고 할 만큼
초록빛으로 뒤덮이기 시작하지요.
사람들의 관심을 받지 못하는 나무초리에도 눈길을 주면 어떨까요?
“씩씩하게 잘 자라!”라고 격려도 해 주세요.

보기

1 우리 동네 도로 양쪽으로 메타세쿼이아 나무가 줄지어 있어요. 내가 태어난 해에 심었다는데 나랑 비교도 할 수 없이 키가 커서 나무초리가 잘 안 보여요.

2 “예전에는 겨울에 마른 나무초리로 회초리를 만들었어.” 나는 놀란 눈초리로 물었다. “엄마도 회초리로 맞은 적 있어요?” “물론 맞은 적은 없지, 호호호.”

3 ____

더 알아보기

위초리: 나뭇가지의 맨 끝에 있는 가지

7월

31

이름씨

한턱

한바탕 남에게 음식을 대접하는 일

'오늘은 내가 쏠게!' 하며 기분 좋게 말하는 사람은
좋은 일이 있어서 큰소리치는 것이겠지요. 이것을 '한턱낸다'라고 합니다.
오늘은 7월의 마지막 날! 7월을 알차게 보냈다면 자신에게 한턱내 보세요.

보기

1. "오늘은 자기 자신에게 한턱내는 책거리 잔치를 하자." 선생님이 3월부터 책 읽기 운동을 해 주셔서 우리는 모두 20권 이상의 책을 읽었다.
2. '책거리'는 예전에 서당에서 책 한 권을 떼거나 다 베껴 쓴 학생이 훈장님과 친구들에게 맛있는 음식으로 한턱을 내며 잔치한 것을 말한다.
3. ______________________________

더 알아보기

모꼬지: 놀이나 잔치 또는 그 밖의 일로 여러 사람이 모이는 일

6월

2

움직씨

알아방이다

무슨 일의 낌새를 알고 미리 대비하다

'낌새'는 일이 되어 가는 형편 또는 어떠한 일의 이상한 면을 말합니다.
낌새를 알고는 바로 일이 어찌 될지, 뭐가 이상한지 알아챈다는 것을
우리말로 '알아방이다'라고 합니다.

보기

1. 아빠가 엄마 생일을 깜빡했다. 내가 엄마랑 이야기하는 것을 우연히 듣고 뒤늦게 안 뒤, 어떻게 알아방이어야 할지 고민에 빠졌다.
2. 옛날 왕들은 평민 복장을 하고 사람들이 많이 모이는 곳에 가서 이야기를 듣고 알아방이었다. 민심이 어떠한지 알고 바른 정치를 하려고 애썼다.
3. ____

더 알아보기

방이다: 윷놀이에서 말을 '방(윷판의 한가운데에 있는 밭)'에 놓다
또는 어떤 부분을 힘 있게 후려치다

이름씨

실골목

좁고 가느다란 골목

큰길에서 들어가 동네 안을 이리저리 통하는 좁은 길이 '골목길'이며,
비좁은 골목은 '실골목'이라고 하지요. 요즘은 골목이 많지 않지만,
예전에는 동네마다 골목이 있고 그곳에서 아이들의 웃음소리가 피어났지요.

보기

1. "좁다란 골목길을 따라서 한없이 걷는 마음이여!" 저녁에 실골목에서 어떤 아저씨가 흥에 취해 시를 낭송하고 있었다.
2. 여름휴가 때 시골 할머니 댁에 갔다. 먼저 차에서 내려 뛰어갔지만, 실골목이 많아서 할머니가 마중 나오지 않았으면 한참을 헤맬 뻔했다.
3. ______________________________

더 알아보기

실고랑: 실처럼 좁고 가느다랗게 난 고랑
실국수: 아주 가늘게 뽑아낸 국수

6월

3

어찌씨

잼처

어떤 일에 바로 뒤이어 거듭

잼처 할수록 좋은 일이 무엇일까요?
즐겁게 놀기, 가족과 여행 가기? 맛있는 음식 먹기? 우리말 일력 읽기?
그런데 잼처 하기 싫은 일도 있지요? 하하하!

보기

1. 준아는 요즘 우주에 관한 책을 잼처 읽어 책 내용을 다 외울 정도이다. 그래서 형에게 재미있는 이야기처럼 들려준다.
2. “이렇게 대충 하면 안 돼. 꼼꼼하게 양치질해.” 엄마는 희진이의 입안을 보고 야단쳤다. 희진이가 “알겠어요!”라고 말하기도 전에 잼처 이야기하셨다.
3. ______________________________

비슷한 말

거듭 | 재차 | 다시

그림씨

훈감하다

맛이 진하고 냄새가 좋다

"나는 없어서 못 먹어!"라는 말은 뭐든 잘 먹는다는 뜻이지만
이왕이면 좋은 재료로 맛있게 만든 음식을 먹으면 좋지요.
물론 배가 부르면 아무리 훈감한 음식도 그림의 떡이겠지요?

보기

1. 친척 누나 결혼식에 간 인범이는 훈감한 음식들이 많아서 정신없이 먹었다. 그날 밤 인범이는 결국 배탈이 나서 화장실을 들락날락해야 했다.
2. 우리 언니는 엄마가 훈감하게 식탁을 차려 주어도 많이 먹지 않는다. 요즘 남자친구와 사이가 좋지 않은 모양이다.
3. ______________________________

더 알아보기

달곰삼삼하다: 맛이 조금 달고 싱거운 듯하면서도 맛있다

이름씨

생일빠낙

생일잔치를 차리는 때

누구든 신분의 높고 낮음에 관계없이 생일은 딱 하루입니다.
그래서 생일은 무엇보다 귀한 날이지요.
여러분은 '생일' 하면 무엇이 떠오르나요?
아마 생일빠낙이겠지요!

보기

1. 외할머니 99세 생신빠낙에 우리 가족과 친척이 다 모였다. 외할머니는 너무 기뻐서 눈물을 글썽이셨다.
2. 나와 현아는 생일이 같아서 어린이집에 다닐 때는 생일빠낙도 같았다. 지금도 그때 생각이 난다.
3. ______________________________

더 알아보기

생일빔: 생일에 새로 사거나 만들어 주는 옷이나
신발 따위를 이르는 말

이름씨

돌짬

돌과 돌 사이의 갈라진 틈

학교에 가다가, 떡볶이 먹으러 가다가 돌짬을 흔히 볼 수 있지요.
사람이 다니는 길이든 차가 다니는 길이든 처음에는 반듯하지만,
시간이 지나면서 돌짬이 생기지요.
돌짬 사이에 핀 꽃을 톺아본 적 있나요?

보기

1. 숙형이는 아빠와 함께 뒷산에 올라갔다가 그만 돌짬에 핸드폰을 빠뜨렸다. 다행히 아빠가 나뭇가지를 이용해서 꺼내 주었다.
2. 친하게 지내던 동철이와 소영이 사이가 돌짬처럼 벌어졌다. 동철이가 아이들한테 소영이가 자기를 좋아한다는 헛소문을 냈기 때문이다.
3. ______________________________

더 알아보기

짬: 두 물체가 마주하고 있는 틈

6월

5

움직씨

비비대기치다

좁은 곳에서 여러 사람이 몸을 맞대고 움직이다

여러분은 어디에 갔을 때 '사람들'과 비비대기쳤나요?
우리는 느긋하게 공부하고, 사람 적은 곳에서 편하게 지내고 싶지만
내 마음대로 되지는 않지요. '비비대기치다'에는 '바쁜 일을 처리하기 위해
부산하게 움직이다'라는 뜻도 있어요.

보기

1. 연극을 보러 가려고 친구들과 지하철을 탔는데, 많은 사람이 비비대기치는 바람에 힘들었다. 공연장에 도착하자마자 빵을 먹었더니 힘이 났다.
2. 아파트에 벼룩시장이 열려, 물건을 사고파는 사람들로 저녁 내내 비비대기쳤다.
3. ____________________

더 알아보기

비비대기: 마구 비비는 일 또는 복잡한 일을 하느라 분주하게 서두름

7월

27

그림씨

반송반송하다

잠은 오지 아니하면서 정신만 말똥말똥하다

학생들은 '졸려요'라는 말을 자주 하지요.
나이 든 어른들은 거꾸로 '아무리 자려고 해도
반송반송해서 걱정이야'라고 말합니다.
왜 그럴까요? 여러분은 반송반송한 적이 있나요?

보기

1 내일 해외여행을 가는 준원이는 새벽 2시가 넘어도 반송반송해서 잠을 자지 못했다. 처음 가는 해외여행이라 너무 들떠서 잠이 안 온다고 했다.

2 엄마 아빠는 요즘 밤마다 반송반송해, 새벽녘에야 잠이 드신다. 다음 달에 식당을 개업하느라 신경 쓸 일이 많아서 그렇다.

3 ______________________________

더 알아보기

'괭이잠' '노루잠': 소리에 예민한 고양이나 노루처럼 작은 소리에도 자주 깨는 잠

6월

6

이름씨

보짱

마음속에 품은 꿋꿋한 생각

오늘은 나라를 위하여 싸우다 돌아가신 장병과
순국선열들의 충성을 기리는 현충일입니다.
나라를 위한 보짱이 굳센 분들이 계셨기에
지금 우리가 평화롭게 살 수 있지요.

보기

1 일제 강점기 때 독립운동가들의 보짱은 보통 보짱이 아니었다. 독립을 위해 기꺼이 목숨도 내놓았다. 나라면 어떠했을까?

2 우리나라의 민주화는 수많은 사람의 피와 땀으로 이루어졌다. 그 사람들의 마음속엔 나라와 국민을 위한 아름답고 굳건한 보짱이 그득했다.

3 ______________________________

더 알아보기

꺽지다: 억세고 꿋꿋하며 용감하다
냅뜰힘: 기운차게 남을 앞질러 나서는 힘

이름씨

도린곁

사람들이 별로 가지 않는 외진 곳

"혼자든 친구들과 같이 있든 큰길로 다녀라."
부모님들이 자식들에게 자주 하는 말입니다.
도린곁은 어린이뿐만 아니라 어른들도 조심할수록 좋습니다.
넓고 밝은 길로 다니면 부모님도 덜 걱정하시겠지요?

보기

1. 수찬이네 아파트 뒤 도린곁에서 강아지 세 마리가 어미 없이 울고 있었다. 사람들이 도와주지 않았다면 강아지들은 위험한 일을 당했을지도 모른다.
2. 나는 친구들과 술래잡기할 때 도린곁으로 가서 허름한 건물 뒤에 숨었다. 그런데 중학생 형과 누나들이 모여 놀고 있어서 얼른 다른 데로 갔다.
3. ______________________________

비슷한 말

구석지다 | 후미지다 | 으슥하다

6월

7

그림씨

반주그레하다

생김새가 겉보기에 반반하다

'옷 잘 입은 거지가 밥 얻어먹는다'라는 속담은 일단 겉모습을 잘 꾸며야 인간관계가 좋아진다는 말이지요.
그래도 겉만 반주그레한 것보다 내면을 잘 꾸미는 것이 더 중요하답니다.

보기

1 "반주그레하게 생겼는데 착하기까지 하다니." 엄마는 길에서 노인을 도와준 한 여자아이 이야기를 하며 말했다.

2 내 짝꿍 우경이는 반주그레하게 생겨 친구들 사이에서 인기가 많다.

3 ______________________________

비슷한 말

해반주그레하다 | 푼더분하다

이름씨

날파람

빠르게 날아가는 결에 일어나는 바람

사람도 바람이 불게 할 수 있어요.
아주 빠르게 휘익 움직이면 바람이 분 것 같은 기운이 느껴집니다.
이것을 날파람이라고 하지요.
바람이 일 정도로 날쌘 움직임이나 등등한 기세도 날파람이라고 해요.

보기

1 우재는 친구들과 야구할 때 공을 잘 치기도 하지만 날파람을 일으키며 달려서 안타를 칠 때마다 점수를 낸다.

2 동생이 거실 소파에 누워서 핸드폰만 보자 엄마가 파리채를 들었다. 그 순간 동생은 날파람을 일으키며 재빠르게 자기 방으로 들어갔다.

3 ______________________________

더 알아보기

불길: 세차게 일어나는 감정이나 정열을 비유해서 이르는 말

6월

8

그림씨

무양무양하다

성격이 너무 고지식하여 융통성이 없다

'고지식'이니 '융통성'이니 하는 말들이 어렵지요.
한 가지 생각만 하고 다른 생각은 전혀 안 하며 답답하고
고집이 세다고 이해하면 됩니다. 성격이 무양무양해서 그렇지요.

보기

1. 평소 무양무양한 짝궁은 자기 뜻대로 되지 않으면 "그건 틀려!"라며 화낸다.
2. 아빠는 무양무양하다는 소리를 들었는데, 군대 다녀와서 달라졌다고 한다. 다양한 사람과 생활하면서 남의 말에 귀 기울이는 좋은 습관이 생겼기 때문이다.
3. ______________________________

비슷한 말

빽빽하다 | 팍팍하다

이름씨

볼웃음

입 벌리거나 소리 내지 않고 볼 위에 표정으로 드러내는 웃음

어린아이들의 웃음소리를 들어 보았나요?
아이들의 웃음소리는 들을수록 행복해집니다.
소리 나지는 않지만, 얼굴 가득 볼웃음을 짓는 모습도 얼마나 사랑스러운지요!

보기

1. 영랑이는 가족과 함께 식당에서 갔는데, 옆자리 손님들이 볼웃음을 하며 조곤조곤 이야기 나누는 모습을 보며 참 멋진 어른들이라고 생각했다.
2. "으하하하! 너희는 모두 내 포로가 됐다!" 만화책 속에서 악당이 크게 웃었다. 왜 악당들은 볼웃음을 할 줄 모를까?
3. ____

더 알아보기

볼우물: 볼에 팬 우물이라는 뜻으로 '보조개'를 이르는 말

6월

9

이름씨

속종

마음속에 품은 생각

가족이나 친구에게도 말하지 않은 나의 '속종'은 무엇일까요?
사람은 저마다 속종이 있는데, 그 속종을 나누는 상대가 있다면
얼마나 마음이 편안해질지 상상해 보아요.

보기

1. 은철이는 같은 반 예진이를 좋아하는 속종으로 공부도 잘 못한다. 그런데 예진이가 다른 아이랑 친하다는 사실을 알고 속종을 깨끗이 비웠다.
2. 나는 천문학자가 되고픈 속종이 커서 우주 관련 책을 열심히 읽고 있다. 언젠가 화성에 태극기를 꽂고 만세를 부르고 싶다.
3. ______________________________

비슷한 말

속마음 | 속생각 | 뱃속

7월

23

그림씨

뾰롱뾰롱하다

마음씨가 몹시 까다롭고 걸핏하면 톡톡 쏘기를 잘하는 모양

'뾰롱뾰롱'은 듣기에 참 귀여운 말이지만 그 뜻은 정반대예요.
성격이 까다로워(별스러워) 상대방과 기분 좋게 말하기 힘든 것을 말합니다.
뾰롱뾰롱한 친구에게는 선뜻 말 붙이기 힘들겠지요.

보기

1. '뽀롱뽀롱 뽀로로!' 어릴 적 추억이 떠오르지요. 뽀롱뽀롱은 뽀로로를 귀엽게 보여 주기 위해 만든 말이에요. 뾰롱뾰롱(하다)과 헷갈리지 마세요.
2. 내 짝꿍은 늘 공주 같은 옷을 입고 다니며 틈만 나면 거울을 본다. 그런데 툭하면 뾰롱뾰롱해서 나는 짝꿍과 하루에 몇 마디도 주고받지 못한다.
3. ______________________________

더 알아보기

뾰로통하다: 못마땅하여 얼굴에 성난 빛이 나타나 있다
볼메다: 말소리나 표정에 성난 기색이 있다

이름씨

맷가마리

매를 맞아 마땅한 사람

“매를 벌어요, 매를!” “매 좀 맞아야 정신 차리겠니?”
이런 말의 공통점은 “넌 맷가마리라서 벌 좀 받아야겠다”입니다.
그런데 회초리로 때려야만 매 맞는 것은 아닙니다.
꾸중도 마음에 매를 때리는 것이지요.

보기

1 오늘 나는 맷가마리가 되고 말았다. 게임을 한 시간만 하기로 엄마와 약속했는데 지키지 않았다. 다행히도 엄마가 한 번 더 용서해 주신다고 했다.

2 『춘향전』의 암행어사 이몽룡은 변사또에게 엄벌을 내렸다. “곤장을 세게 쳐라!” 백성들을 괴롭히고 나쁜 짓만 한 변사또는 맷가마리의 상징인 것 같다.

3 ______________________________

더 알아보기

걱정가마리, 구경가마리 등처럼 ‘-가마리’는 이름씨 뒤에 붙어,
그 말의 대상이 되는 사람임을 나타내는 말

이름씨

웃비

좍좍 내리다가 그친 비

아직 장마철은 아니지만 한꺼번에 좍좍 많이 내리다가 잠시 그치는 비가 '웃비'이지요.
장마철에는 언제 비가 올지 모르니
가방에 작은 우산 하나 챙기고 다니는 것은 어떨까요?

보기

1. 요즘 이상 기후 현상으로 갑자기 폭우가 쏟아지다가 그치는 웃비 현상이 자주 일어난다.
2. 택배 아저씨가 트럭에서 물건을 꺼내는데 느닷없이 비가 내리자 놀라서 물건을 차에 도로 들여놓았다. 아저씨는 웃비가 걷히자 다시 일을 시작했다.
3. ______________________________

더 알아보기

채찍비: 굵은 빗줄기가 세찬 바람을 타고 채찍으로 후려치듯 좍좍 내리는 비
작달비: 빗줄기가 굵고 거세게 좍좍 내리는 비

그림씨

찐덥다

남을 대하기가 마음에 흐뭇하고 만족스럽다

처음 만났는데 찐더운 마음이 들면 그 사람과 금방 친해질 거예요.
'찐덥다'에는 '마음에 거리낌이 없고 떳떳하다'라는 뜻도 있어요.
그러고 보니 '찐덥다'는 참 좋은 말이네요.

보기

1. 우리 동네에 새로 생긴 편의점 주인 아저씨는 늘 웃으며 크고 밝은 목소리로 손님을 반긴다. 그래서 누구나 아저씨에게 찐더운 마음을 갖게 된다.
2. 신기하다. 이번 시험 성적이 조금 올라 집에 들어갈 때 찐더워 나도 모르게 어깨가 으쓱해졌다.
3. ______________________________

더 알아보기

당당하다: 남 앞에 내세울 만큼 모습이나 태도가 떳떳하다

이름씨

생청

억지로 쓰는 떼

사람의 관계는 말과 마음이 잘 통할수록 더 가까워집니다.
자기주장만 앞세우고 생청만 하는 친구하고는 가까워지기 힘들지요.
혹시 자기 생각을 굽히지 않으려고 생청을 부린 적은 없나요?

보기

1 독일은 유대인을 학살한 죄를 틈만 나면 사죄하고 반성한다. 일본은 우리나라에 저지른 죄를 반성하기는커녕 그런 적 없다며 역사를 왜곡하고 생청을 쓴다.

2 강아지가 내 필통을 물어뜯어서 야단쳤더니 자기 밥그릇을 박박 긁어 댄다. 철부지가 생청을 부리는 것 같다.

3 ____________________

같은 말

생떼

6월

12

그림씨

잠포록하다

날이 흐리고 바람기가 없다

점점 더워지면서 잠포록한 날이 늘어납니다.
그래서 괜히 짜증을 부리거나 작은 일에 예민해지기도 하지요.
이럴 때일수록 상쾌한 마음을 갖도록 노력해야 합니다.

보기

1. 오늘은 잠포록해서 축구를 해야 할지 말아야 할지 알 수 없다. 뜨거운 해가 없어 좋을 것 같지만 바람이 안 불어서 더 더울 것 같아서다.
2. 엄마는 잠포록한 날이라 빨래가 잘 마르지 않는다며 걱정했다. "빨래가 얼른 마르지 않으면 옷에서 냄새가 날 수 있거든."
3. ______________________________

더 알아보기

벗개다: 안개나 구름이 걷히고 날이 맑게 개다
긋다: 비가 잠시 그치다

7월

20

이름씨

본데

보아서 배운 예의범절이나 솜씨 또는 지식

본받을 만한 주위 사람들을 통해 공손하게 인사하기, 욕 안 하기,
부지런히 움직이기, 책 읽기 등을 몸에 익혀서
스스로 자신을 잘 키우는 사람은 본데 있는 사람이지요.

보기

1 유명한 피아니스트인 명애 언니는 처음에는 학교와 학원에서 선생님들의 연주하는 것을 열심히 따라 하다가 본데 있는 실력을 갖게 되었다.

2 은혁이는 본데없이 어른에게 반말하다가 아빠에게 크게 혼났다. 지금은 본데가 꽉 찬 아이가 되어 누구에게나 칭찬받는다.

3 ______________________________

더 알아보기

야살: 예의가 없이 얄밉고 부드럽지 않은 말씨나 태도

얄망궂다: 성질이나 태도가 괴상하고 까다로워 얄미운 데가 있다

그림씨

이지다

물고기나 닭, 돼지 등 가축이 살이 쪄서 기름지다

닭이나 돼지가 통통하게 살이 찌면 '잘 이지어 보기 좋네'라고 합니다.
동물들이 이지어서 잘 자라면 주인은 좋아합니다.
건강하다는 증거이니까요.

보기

1 나는 병아리 다섯 마리를 키우는데, 모두 이지어 여기저기 폴짝폴짝 잘 뛰어다닌다. 나는 병아리들의 착한 언니 같다.

2 진규는 수족관 속 물고기들을 보고 놀랐다. 물고기도 돼지나 송아지처럼 이지어서 귀여운 것이 있고, 어느 물고기는 말라서 종이처럼 삐쩍 마른 것도 있었다.

3 ______________________________

더 알아보기

숨탄것: 생명을 가진 모든 동물을 말함

7월

19

이름씨

복찻다리

큰길을 가로질러 흐르는 작은 개천에 놓은 다리

서울은 세계적 도시이면서도 동네 곳곳에 복찻다리가 있습니다.
복찻다리는 동네의 풍경을 아름답게 만들어 주지요.
여러분 동네에도 복찻다리가 있으면 엄마 아빠와 함께 자주 거닐어 보아요.

보기

1 준균이는 여름이면 시골에서 외가 식구들과 보낸다. 복찻다리 아래에서 물장구도 치고, 물고기도 잡으며 잠시 서울에서 벗어나 시원한 방학을 즐긴다.

2 우리 강아지는 유기견이다. 복찻다리 아래 쓰러져 있는 것을 엄마가 데리고 와서 키우고 있는데, 마치 내 동생 같다.

3 ______________________________

더 알아보기

쪽다리: 긴 널조각 하나로 걸쳐 놓은 다리
어김다리: 두 철길이나 길이 어긋나게 스치는 곳에 놓은 다리

이름씨

옥자동이

옥같이 귀하고 보배롭다는 뜻으로 '어린아이'를 말함

엄마 아빠가 '공부해라, 일찍 일어나라, 청소 좀 해라…'라며
잔소리하는 것은 옥자둥이 같은 여러분이
지저분하고 게으르지 않게 자라도록 도와주기 위해서지요.

보기

1 외할머니는 나만 보면 '우리 옥자둥이 금자둥이'라며 안아 주신다. 그런데 엄마의 외할머니는 엄마를 '우리 귀여운 강아지'라고 불렀다고 하신다.

2 채원이는 강아지 이름을 옥자둥이라고 지어 주고, "나는 형제가 없어서 네가 내 동생이나 마찬가지야. 앞으로 언니 말 잘 들어야 해"라며 안아 주었다.

3 ______________________________

비슷한 말

금자둥이

이름씨

산돌이

다른 산에서 온 호랑이

사자는 초원의 왕, 호랑이는 숲속의 왕이라는데
모두 고양잇과라서 자기 영역을 지키는 성질이 강하지요.
그래서 호랑이가 다른 산으로 간다는 것은 정말 특별한 경우라
산돌이라는 말이 생겼나 봐요.

보기

1 아주 옛날에 새끼 호랑이가 혼자 돌아다니다가 그만 계곡 건너편에 있는 큰 산으로 갔지. 그래서 아기 산돌이가 되고 말았어. '엄마, 엄마' 하고 아무리 울어도 어미 호랑이는 큰 산으로 올 수 없었지. 건너오면 큰 산에 사는 모든 호랑이가 어미 호랑이를 공격하거든. 산돌이는 점점 힘이 없어지는데….

2 ______________________________

'산돌이'의 다른 뜻

산에 익숙한 사람

이름씨

뻥짜

아주 틀려 버려 소망이 없게 된 일

열심히 노력했지만, 시험을 망쳤을 때 '뻥짜'라고 하지 않아요.
다시 노력하면 얼마든지 성적이 좋아질 수 있으니까요.
'뻥짜'는 아예 기회를 잃어버려서 희망이 사라졌을 때 쓰는 말이지요.

보기

1. 여름방학에 하려던 가족 여행과 할아버지의 수술 날짜가 겹쳐졌다. 아쉬웠지만 그래도 다행이다. 여행이 뻥짜가 된 것은 아니라서!
2. 올림픽 경기 때마다 부정한 약물을 사용하는 선수들이 있다. 이들은 올림픽에서 퇴출되어 메달을 따고 싶은 꿈이 영영 뻥짜가 된다는 것을 몰랐을까?
3. ______________________________

'뻥짜'의 다른 뜻

똑똑하지 못한 사람을 낮잡아 이르는 말

이름씨

발김쟁이

못된 짓을 하며 마구 돌아다니는 사람

오늘은 5대 국경일 중 하나인 제헌절!
1948년 7월 17일에 대한민국 '헌법'이 공포된 것을 기념하는 날이에요.
제헌절은 민주주의와 헌법을 지키려고 정한 날이니
법을 잘 지키면 발김쟁이가 줄겠지요.

보기

1 우리 동네는 작년보다 범죄가 줄었다. '서로 인사하며 지내기' 운동을 한 덕분에 발김쟁이가 많이 사라졌기 때문이다.

2 큰 회사를 운영하는 새롬네 삼촌은 어릴 때 소문난 발김쟁이였다. 고등학교 때 담임 선생님을 만나 새사람이 되어서 이제는 좋은 일을 많이 한다.

3 ______________________________

더 알아보기

행짜: 심술을 부려 남을 해롭게 하는 행위
행티: 행짜를 부리는 버릇

6월

16

움직씨

볼만장만하다

보기만 하고 간섭하지 아니하다

길을 걸어가는데 나보다 어린 아이가 넘어져서 울고 있어요.
무릎에서 피가 흐르고 책가방은 그 옆에 내팽개쳐져 있어요.
볼만장만하고 그냥 지나쳐 가면 안 되겠지요.

보기

1. 고등학생 누나가 친구들과 1박 2일 여행을 앞두고 쉴 새 없이 누리소통망(SNS)에서 대화를 주고받았다. 엄마 아빠는 그저 웃으며 볼만장만하셨다.
2. 어른들은 '다른 사람 일에 간섭하지 마세요'라고 말한다. 그러나 자신이 어려운 일을 당할 때 사람들이 볼만장만하고 그냥 지나친다면?
3. ______________________________

더 알아보기

다부닐다: 바싹 다붙어서 붙임성 있게 굴다
답작거리다: 무슨 일에나 조금 가리지 않고 자꾸 참견하다

그림씨

흔전하다

생활이 넉넉하여 아쉬움이 없다

요즘 어린이들은 경제와 돈의 사용법에 관해서도 공부합니다.
부모님들은 자녀가 흔전히 살면서도 다른 사람을 도와주는
착한 사람이 되길 바라며 열심히 일하시지요.

보기

1 오늘 하연이네 반은 "아름답게 살 수 있는 방법은 무엇일까?"'에 대해 토론했다. 제일 많이 나온 의견은 '흔전하여 나누며 사는 것'이었다.

2 흔전하지 않은데도 자신보다 더 어려운 사람들을 위해 기부하는 훌륭한 분들이 많다.

3 ______________________________

더 알아보기

짙은천량: 대대로 전해 내려오는 많은 재물

이름씨

보굿

굵은 나무줄기에 비늘 모양으로 덮여 있는 겉껍질

키가 아주 크고 오래된 나무의 몸통이라 할 수 있는 굵은 줄기는
보굿으로 덮여 있습니다. 마치 갑옷 같지요.
나무를 보호해 주는 종요로운 역할을 하지요.

보기

1. 아이들이 큰 참나무의 보굿을 장난삼아 떼자 지나가던 어른이 말렸다. "그만해라. 보굿을 떼면 나무가 약해진단다."
2. 나무들의 보굿 안에는 여러 종류의 벌레나 벌레의 알이 있다. 나무는 착해서 벌레들에게 자기 몸을 집으로 사용할 수 있게 해 주는 것 같다.
3. ______________________________

더 알아보기

보늬: 밤이나 도토리 따위의 속껍질

그림씨

서머하다

미안해서 볼 낯이 없다

서양에서는 서머할 때 상대방의 얼굴을 똑바로 봐야 예의가 있다고 합니다.
우리나라에서는 고개를 푹 숙여야 반성한다고 생각하지요.
만약 똑바로 보면 대든다고 오해받기도 합니다.

보기

1 나는 교실에서 아이들과 뛰어놀다가 선생님의 노트북을 떨어뜨렸다. 선생님께 너무 서머해서 눈이 마주치자마자 눈물이 났다.

2 민지 엄마랑 민지가 우리 집에 왔어요. 민지가 내 동생을 밀어서 다쳤거든요. 민지는 서머한지 고개를 떨구고 있었어요. 엄마는 괜찮다며 민지를 위로했어요.

3 ______________________________

더 알아보기

언죽번죽하다: 부끄러워하는 기색이 없고 뻔뻔하다

6월

18

움직씨

부개비잡히다

하도 졸라서 억지로 하다

'소를 물가로 끌고 갈 수는 있지만, 억지로 물을 먹일 수는 없다'라는 속담이 있어요.
무엇이든 억지로 할 수 없다는 뜻이지요.
그러나 누구나 친한 사람에게 부개비잡혀서
하는 경우가 있으니 조심해야지요.

보기

1. 학교 근처에서 어른들이 이름과 연락처만 적으면 선물을 준다고 붙잡았다. 나는 부개비잡히지 않으려고 발걸음을 서둘러서 그곳을 지나쳤다.
2. 그림 숙제가 하기 싫어 오빠에게 대신 그려 달라고 졸랐다. "오빠 방 청소해 줄게." 오빠는 한마디로 거절했다. "내가 이번에도 부개비잡힐 줄 아냐?"
3. ______________________________

더 알아보기

자원하다: 어떤 일을 부탁하지 않아도 스스로 하고자 하여 나서다

7월

14

이름씨

욀총

잘 외어 기억하는 실력

기억력은 타고나는 실력일까요, 노력해서 얻는 실력일까요?
기억력뿐만 아니라 운동이든 공부든 열심히 꾸준히 하면 실력이 생기지요.
'나는 머리가 나쁜가 봐'라는 말은 이제 하지 말아요.

보기

1 가영이네 강아지는 욀총이 좋아서 사람을 잘 기억한다. 가영이는 "우리 미소가 나를 닮아서 그래"라고 자랑한다.

2 삼촌은 공부를 가르쳐 줄 때 내가 이해하지 못하면 놀린다. "나는 욀총이 좋아서 공부를 잘했는데." 오늘은 나도 복수했다. "삼촌은 운동 못하잖아."

3 ____________________

비슷한 말

욀재주

6월

19

그림씨

오달지다

마음에 흡족하게 흐뭇하다

내가 무언가 열심히 노력한 만큼 좋은 결과가 나올 때
오달지어서 행복한 마음이 됩니다.
'오달지다'에는 '허술한 데가 없이 알차다'라는 뜻도 들어 있어요.

보기

1. 나는 '일찍 일어나기, 방 청소하기'를 일주일째 실천하고 있다. 엄마가 "우리 아들 때문에 내가 요즘 너무 오달져서 행복해!" 하며 용돈을 올려 주셨다.
2. 내 짝꿍 설하는 무엇을 하든 오달지고 똑소리 나게 해서 누구든 좋아한다.
3. ______________________________

더 알아보기

마뜩잖다: 마음에 들지 아니하다

7월

13

어찌씨

뜬금없이

갑작스럽고도 엉뚱하게

좋은 일이 뜬금없이 일어난다면 얼마나 좋을까요?
엄마는 용돈 올려 준다고 하시고, 아빠는 놀이공원에 가자고 하시고,
혼자 좋아하던 아이가 친구하자고 말하고!

보기

1. 군대 간 삼촌이 뜬금없이 휴가를 나왔다. 휴가 예정일보다 두 달이나 일찍 온 것은 사격 대회에서 상을 받았기 때문이다.
2. 일본은 한동안 잠잠하다가 툭하면 뜬금없이 '독도는 일본 땅이다!'라고 억지를 부린다. 어떡해야 일본 사람들이 독도에 대해 똑똑히 알 수 있을까?
3. ______________________________

비슷한 말

생급스레 | 생게망게

움직씨

검기울다

먹구름이 해를 가려서 날이 차차 어두워지다

친구가 웃으며 "안녕!" 하고 인사하면 나도 덩달아 웃으며 인사하지요.
그런데 친구 얼굴이 검기울듯 어둡다면? 상상조차 하기 싫죠.
오늘은 내가 먼저 밝은 얼굴로 인사하면 어떨까요?

보기

1. "우산 갖고 가라." 학교 가려는데 엄마가 내 손에 우산을 건네주셨다. 그런데 학교 가는 길에 정말 날이 검기울더니 빗방울이 떨어졌다.
2. 친구들과 학교 운동장에서 농구를 한참 신나게 하는데, 갑자기 날이 검기울어 잠시 멈칫했다. 그러나 이내 우리는 신경 쓰지 않고 농구를 계속했다.
3. ______________________________

반대말

벗개다: 안개나 구름이 벗어지고 날이 맑게 개다
웃날이 들다: 흐렸던 날씨가 개다

그림씨

꺍하다

공간 따위가 꽉 차서 더 들어갈 수 없다

'꺍하다'는 '꺌카다'라고 발음합니다. 어느 상자 안에 물건을 많이 담아서 더는 넣을 틈이 없이 꽉 찼을 때 '꺍하다'라고 합니다. '음식을 더 먹을 수 없을 만큼 배가 부를' 때도 '꺍하다'라고 하지요.

보기

1. 옛날 어느 부자의 창고가 쌀로 꺍하였다. 흉년에도 부자는 쌀 한 톨 나누지 않았다. 이를 괘씸히 여긴 도깨비들이 하룻밤 사이에 쌀을 몽땅 가져갔다.
2. 텅텅 빈 창고를 본 부자는 화가 나 하인들을 닦달하였다. 그런데 다음 날 창고는 더러운 똥으로 꺍하였다. 이를 본 부자는 놀라서 쓰러지고 말았다.
3. ____________________

더 알아보기

꺅: 먹은 음식이 목까지 찬 모양

움직씨

모뜨다

남이 하는 짓을 그대로 흉내 내어 본뜨다

고릴라, 침팬지, 오랑우탄, 원숭이는 사람 흉내를 잘 내고,
앵무새나 구관조는 사람 말을 곧잘 따라 합니다.
사람이 사람을 장난으로 또는 좋아해서 따라 하는 것은 '모뜨다'라고 하지요.

보기

1. 내 동생 로운이는 무엇이든 나를 모뜬다. 내가 스파이더맨 흉내를 냈더니 아무 때나 스파이더맨을 모떠서 우리를 웃겼다.
2. 나는 짝꿍이 좋아서 뭐든 짝꿍을 모뜬다. 짝꿍이 야구를 좋아한다고 해서 인터넷으로 야구를 공부하고 있다. 나는 축구를 더 좋아하는데.
3. ______________________________

더 알아보기

본보다: 무엇을 모범으로 삼아 따라 하다

이름씨

아무렇게나 그린 그림

세계적으로 유명한 화가들의 전시회에 갔는데
그림에 대한 설명이 없으면 '뭘 그린 거지?' 하며 고개를 갸우뚱할 때가 있지요.
내 눈에는 환 같은데 그것이 값비싼 예술 작품이라는 것이 신기합니다.

보기

1. 다섯 살인 동생이 크레용으로 거실 벽 곳곳에 환 장식을 해 버렸다. 엄마는 화가 나면서도 작품 같다며 핸드폰으로 사진을 찍었다.
2. 선생님이 환 두 개를 보여 주며 어린이가 그린 것과 유명 화가가 그린 것을 구별해 보라고 했다. 우리는 아무리 봐도 모르겠다고 대답했다.
3. ______________________________

더 알아보기

갈매: 짙은 초록빛
반물: 검은빛을 띤 짙은 남색

이름씨

새때

끼니와 끼니의 중간 되는 때

예를 들면, 아침밥을 먹고 나서 점심밥을 먹기 전까지의 시간을 '새때'라고 해요.
그럼, 하루에 모두 세 번의 새때가 있지요.
'끼니'는 날마다 일정한 시간에 먹는 밥을 말합니다.

보기

1. 누나는 살을 뺀다고 하면서 밥을 잘 안 먹는데 배고프다며 새때에 과자를 몰래 먹는다. '누나, 그럼 안돼!'라고 소리치고 싶다.
2. 예전에는 농사일을 할 때 새때가 되면 집집마다 돌아가며 밥을 했지만, 이제는 식당에서 배달한 음식을 먹는다고 한다.
3. ______________________________

더 알아보기

해안: 해가 떠서 질 때까지의 기간

이름씨

부엉이셈

어리석어서 이익과 손해를 잘 분별하지 못하는 셈을 말함

셈이란 사물의 수를 세는 일이지요. 수를 제대로 활용하려면 숫자를 배우고, '덧셈·뺄셈·곱셈·나눗셈' 네 가지 계산 방법도 알아야 하지요. 그런데 이런 것을 배워도 부엉이셈을 하는 사람이 있어요.

보기

1. 부엉이가 수를 셀 때 짝수로 세기 때문에 알이 하나 없어지는 것은 알아도 짝수로 없어지는 것은 모른다고 하여 '부엉이셈'이라는 말이 생겨났대요.
2. 학교 앞 떡볶이 가게 할머니는 아이들한테 일부러 부엉이셈을 하신다. 아이들에게 떡볶이를 조금이라도 더 주려고 그러신다고 한다.
3. ______________________________

더 알아보기

부엉이살림: 자기도 모르는 사이에 부쩍부쩍 느는 살림을 이르는 말

부엉이 곳간: 무엇이나 다 갖추어져 있는 경우를 이르는 말

6월

23

움직씨

들레다

아주 어수선하고 시끄럽게 떠들다

여러 사람이 한 방에 있는데 저마다 자기 소리를 내며 떠들 때 '들레다'라고 합니다.
또는 전혀 예상하지 못한 때 큰 소리가 나서 우리를 놀라게 하는 것도
들레는 소리라고 할 수 있어요.

보기

1. 토요일 아침, 동네 놀이터에서 사람들이 들레는 바람에 잠에서 깼다. 놀이터에서 '초여름 맞이 농산물 대잔치'를 시작해서이다.
2. "다음 주에 아이스크림 공장 견학을 갑니다!" 선생님 말씀에 우리는 너무 좋아서 들렜다. 선생님은 귀를 막고 나가셨다.
3. ______________________________

비슷한 말

떠들썩하다 | 듣그럽다

7월

9

그림씨

홈홈하다

얼굴에 만족한 표정을 띠고 있다

여러분이 무슨 일을 하고 난 뒤에
엄마가 홈홈한 미소를 띠면 기분이 너무 좋지요!
여러분은 어느 때에 홈홈한 표정을 짓나요?

보기

1 어제 우리가 심하게 떠들어서 선생님이 많이 힘들어하셨다. 오늘은 우리 스스로 조용히 수업 준비를 하자, 선생님은 홈홈하게 웃으셨다.

2 체육 시간에 둘이서 손잡고 달리기 시합을 할 때 경진이와 인범이는 발을 잘 맞추어 달려서 1등을 했다. 두 아이는 서로 바라보며 홈홈하게 웃었다.

3 ______________________________

비슷한 말

뿌듯하다 | 흥겹다 | 달다

6월

24

그림씨

늘차다

솜씨가 아주 익숙하고 재빠르다

'솜씨는 좋은데 속도는 느리다. 솜씨는 별로인데 빠르게 한다.
솜씨도 안 좋고 느리다. 솜씨도 좋고 빨리한다.'
이 네 가지 가운데 어떤 유형인가요?

보기

1 외할머니는 맛있고 예쁜 모양의 떡을 늘차게 만드는 분으로 유명했다.

2 삼촌 회사에 인도에서 온 직원이 있다. 한국말도 잘하고 일솜씨도 늘차서 회사 사람들이 모두 좋아한다고 한다.

3 ______________________________

더 알아보기

굼뜨다: 동작이 답답할 만큼 느리다

이름씨

말뚝잠

앉은 채로 자는 잠

귀여운 아기들이 입에 먹을 것을 문 채
말뚝잠을 자는 모습을 영상으로 볼 수 있어요.
쿨쿨 자다가 말뚝이 넘어지듯 옆으로 픽 쓰러지기도 하지요.
여러분도 이런 경험이 있나요?

보기

1. 놀이공원에서 친구들과 하루 종일 신나게 놀고 온 날, 나는 거실에 앉아 양말을 벗으려다 그 자세 그대로 말뚝잠을 자고 말았다.
2. 군용 트럭 뒤에 타고 가는 군인들이 모두 말뚝잠에 빠져 있었다. 아빠는 아마도 훈련이 끝나고 돌아가는 길일 것이라고 말했다.
3. ________________________________

더 알아보기

새우처럼 구부리고 자는 '새우잠' | 잠시 틈타서 불편하게 자는 '쪽잠'
너무 피곤하여 아무 데서나 쓰러져 자는 '멍석잠'

이름씨

어둑새벽

날이 밝기 전 어둑어둑한 새벽

오늘은 '6·25 전쟁일'입니다. 1950년 6월 25일 어둑새벽에 북한군이 갑자기 쳐들어와 한국전쟁(6·25 전쟁)이 시작되었지요. 1953년 7월 27일, 전쟁은 3년여 만에 멈추었답니다.

보기

1. 홍길동은 나쁜 사람들을 벌주기 위해 주로 한밤중이나 어둑새벽에 활약했다.
2. 할아버지는 자다가 어둑새벽에 전쟁이 터졌다는 소식을 들었대요. 어른들 따라 허겁지겁 피란을 떠났는데, 사람이 너무 많아서 동생을 잃어버리셨대요.
3. ______________________________

반대말

해넘이: 해가 막 넘어가는 때
땅거미: 해가 진 뒤 어스레한 상태 또는 그런 때

이름씨

왜뚜리

큰 물건

여러분은 어떤 왜뚜리를 들어 보았나요? 책상? 자전거?
어른에게는 작아 보여도 어린이에게는 큰 물건이지요.
부모님이 왜뚜리를 옮길 때 힘겨워하시면
여러분의 작은 힘이라도 보태면 어떨까요?

보기

1. 이모가 왜뚜리를 안고 땀 흘리며 들어왔다. 알고 보니 커다란 수박이었다.
2. 이사하는 날, 나도 돕고 싶었다. 한쪽에 있는 플라스틱 왜뚜리를 들려고 하자, 아저씨가 급히 소리쳤다. “그건 무거워서 다친다! 엄마 옆에 가 있거라.”
3. ______________________________

더 알아보기

어처구니: 상상 밖에 엄청나게 큰 사람이나 물건

6월

26

어찌씨

애면글면

몹시 힘에 겨운 일을 이루려고 갖은 애를 쓰는 모양

어른들처럼 어린이들도 힘들고 어려운 일이 있어요.
푹 자고 싶은데 숙제와 시험공부를 해야 할 때처럼요.
그러나 자기가 정한 목표가 있으면
즐거운 마음으로 애면글면 생활할 수 있습니다.

보기

1. 진영이는 피아노 경연 대회를 위해 애면글면 연습한다. 게을러지려 할 때마다 벽에 붙여 놓은 훌륭한 피아니스트의 사진을 보며 힘을 얻는다.
2. 고모는 몇 년 동안 애면글면 모은 돈으로 드디어 지난달에 아파트를 마련했다. 고모는 눈물이 날 만큼 좋다며 활짝 웃었다.
3. ______________________________

반대말

진대: 자기 힘으로 노력하지 않고 남에게 떼를 쓰며 괴롭게 하는 짓

7월

6

이름씨

흘떼기

힘줄이나 근육 사이에 박힌 고기

맛있고 부드러운 고기는 생각만 해도 입속에 침이 고입니다.
그런데 먹다가 흘떼기가 나올 때가 있지요.
흘떼기는 얇은 껍질이 많이 섞여 있어서 질기답니다.

보기

1 우리 엄마는 고기를 살 때 얼마나 신경을 쓰는지 모른다. "우리 가족이 먹을 건데 흘떼기를 사면 안 되지." 엄마는 우리 가족의 수호천사이다.

2 군대에서 휴가 나온 오빠를 위해 엄마가 고기반찬을 했다. 오빠는 "극기 훈련할 때는 흘떼기도 얼마나 맛있게 먹었는지 몰라!" 하며 웃었다.

3 ______________________________

더 알아보기

별박이: 살치의 끝에 붙은 쇠고기로 가장 질긴 부분
뼈뜯이: 뼈에서 뜯어낸 질긴 쇠고기

이름씨

터앝

집의 울안에 있는 작은 밭

'김치 파동', '파 파동'이라는 말을 들어 보았나요?
파동이란 물결인데, 어떤 현상이 퍼져 커다란 영향을 미친다는 뜻입니다.
이런 먹거리 파동을 대비해서
터앝이나 텃밭을 일구는 사람들이 늘고 있답니다.

보기

1. 봄마다 우리 식구는 시골 할머니 집에 내려간다. 할머니 집 터앝에 상추, 감자, 방울토마토, 고추, 오이를 심기 위해서다.
2. 우리 학교에는 터앝이 있다. 반마다 작은 플라스틱 상자에 상추를 심어서 키운다. 잘 자라면 골고루 나누어 가진다.
3. ______________________________

비슷한 말

텃밭

7월

5

움직씨

꾀음꾀음하다

달콤한 말이나 교묘한 말로 남을 자꾸 꾀다

'귀가 얇은 사람'이란 말은 누군가 꾀음꾀음하면 깊이 생각하지 않고
그 사람 말대로 하는 사람을 가리키는 것이지요.
누군가 여러분을 꾀음꾀음한다면 어떻게 하나요?

보기

1. 나는 일석이에게 게임방에 같이 가자고 꾀음꾀음했다. 내 간절한 눈빛이 통해서 우리는 학원 가는 것도 잊은 채 게임에 빠져 버렸다.
2. 공부하려고 하면 친구들이 꼭 문자 메시지를 보내거나 전화를 해서 꾀음꾀음한다.
3. ______________________________

비슷한 말

꼬드기다 | 부추기다 | 꾐꾐하다

이름씨

시우쇠

무쇠를 불에 달구어 단단하게 만든 쇠붙이의 하나

오늘은 철도의 날. 1894년 6월 28일에 철도국이 설립된 것을 기념하여
2018년에 법정기념일로 정했습니다.
철도나 기차에 대한 우리말은 많지 않아요.
시우쇠는 기차와 철도의 가장 중요한 재료이지요.

보기

1. 외할아버지는 철도의 날이면 친구분을 만나러 현충원에 가신다. 친구분은 시우쇠로 만든 철도를 놓는 작업을 하다가 돌아가셨다.
2. 우리나라에 처음 증기기관차가 들어왔을 때 시우쇠로 만든 물건이 말처럼 빨리 달린다고 '철마'라고도 불렀다.
3. ______________________________

더 알아보기

쇠똥: 쇠를 불에 달구어 불릴 때에 달아오른 쇠에서 떨어지는 부스러기

이름씨

걸때

사람의 몸집이나 체격

사람들은 더 건강하고 더 예뻐지고 싶어서
외모와 걸때에 많은 시간과 돈을 쏟지요.
외모와 걸때에 신경을 쓰는 만큼
마음과 지혜를 쌓는 일도 같이하면 어떨까요?

보기

1. 진수네 큰누나는 처음에는 걸때가 멋져 보이는 사람을 좋아했다. 그러나 걸때가 좋은 사람이 꼭 마음과 생각까지 바른 사람은 아니라는 사실을 깨달았다.
2. 우리 강아지는 걸때는 듬직하지만 겁이 많다. 작은 강아지를 만나도 얼른 내 뒤에 숨는다.
3. ______________________________

더 알아보기

본치: 남의 눈에 띄는 태도나 외모

6월

29

이름씨

고삭부리

음식을 많이 먹지 못하는 사람

음식을 잘 먹는 사람도 있지만 고삭부리도 있지요.
고삭부리는 '몸이 약하여서 잘 먹지 못하고
늘 병치레를 하는 사람'이라는 뜻도 있어요.

보기

1 무엇이든 잘 드시던 작은아빠가 큰 수술을 받고 나서 고삭부리가 되었다. 먹고 싶어도 못 먹는 것은 슬픈 일이다.

2 나는 유치원 때까지 고삭부리였다. 그때부터 태권도를 배웠더니, 지금은 누구보다 튼튼하고 공부도 잘한다.

3 ______________________________

더 알아보기

몸바탕: 날 때부터 몸에 지닌 생리적 성질이나 건강상의 특질
몸가눔: 몸의 균형을 바로잡음

7월

3

이름씨

강다짐

억지로나 강압적으로 함 또는 덮어놓고 억눌러 꾸짖음

강다짐은 무언가 빽빽하고 편하지 않은 느낌이지요?
메마르다는 뜻과 강압적이고 강제적인 태도를 말할 때 쓰는
'강-'이라는 접두어가 사용되어서 그렇지요.

보기

1. 나는 실수로 누나의 안경다리를 부러뜨렸다. 누나는 내가 일부러 그랬다며 자꾸 강다짐해서 억울했다. 나는 끝내 눈물이 터져 펑펑 울었다.
2. 정수는 약속에 왜 늦었는지 설명하려 했지만 대호는 강다짐하며 화를 냈다.
3. ______________________________

'강다짐'의 다른 뜻

국이나 물 없이 또는 반찬 없이 밥만 먹음

움직씨

톺아보다

샅샅이 톺아 나가면서 살피다

'톺다(샅샅이 더듬어 뒤지면서 찾다)'와 '톺아보다'는 같은 말입니다.
하루를 톺아보며 일기를 쓰면 자신의 실수를 되풀이하지 않게 도와주고,
자존감을 높이는 데도 도움을 주지요.

보기

1 우리 이모부는 다큐멘터리 감독이 꿈이라서 그런지 뭐든지 대충하는 법이 없다. 이렇게 톺아보는 성격이라서 좋은 감독이 될 것 같다.

2 장마철이 시작되자 엄마는 옷장과 서랍장을 모두 청소했다. 그런 뒤에 양말 하나까지 톺아보며 다시 정리했다.

3 ______________________________

더 알아보기

'거춤거춤' '건듯건듯': 일을 대강대강 하는 모양을 나타내는 말

7월

2

움직씨

겨루다

옳고 그름이나 승부를 다툴 때 서로 지지 않으려고 버티어 겨루다

겯고틀면서 열심히 다투는 모습이 아름다울 때가 있지요.
정정당당하게 승부를 가르는 운동 경기입니다.
그러나 작은 일에 '내가 잘했다, 네가 잘못했다' 하며
겯고트는 모습은 아름답지 않지요.

보기

1 아이들이 1학기 마지막 모둠 발표를 하는데 서로 겯고틀며 열심히 하느라 정신이 없었다.
2 명수와 윤하는 학원 가는 길 내내 서로 자기가 더 좋아한다고 겯고트는 바람에 싸움이 날 뻔했다.
3 ________________________________

더 알아보기

팽팽하다: 둘의 힘이 서로 엇비슷하다

견우직녀달

견우와 직녀가 만나는 아름다운 달

7월

1

이름씨

의초

형제간의 사랑

어린이들은 '가족이 함께 있을 때, 함께 맛있는 음식을 먹을 때,
함께 즐겁게 놀 때'가 가장 행복하다고 말합니다.
7월을 시작하는 첫날, 의초가 좋은 하루를 시작해요.

보기

1. "너희는 얼마나 의초가 깊은지 말해 줄래?" 엄마 말에 누나는 10점, 나는 80점이라고 말했다. 누나는 내가 자기 말을 안 들어서 낮은 점수를 줬다고 한다.
2. 우리 동네 뒷산에는 작은 봉우리 세 개가 있다. 그 봉우리에는 세 형제가 너무 의초가 좋아서 죽어서도 같이 있는 것이라는 전설이 전해진다.
3. ______________________________

더 알아보기

엄마 아빠 사이가 좋은 것도 '의초'가 좋다고 합니다